PAN VERITRAX

Áurea Sapiência
Reflexões sobre gnosticismo e magia

1ª EDIÇÃO

CURITIBA
CRISTIANO ALEXANDRE MORETTI
2018

ISBN: 978-85-924687-1-2

Áurea Sapiência
Reflexões sobre gnosticismo e magia

Pan Veritrax

— Pentagrama Pagão sobre a Cruz Gnóstica. Este era o símbolo do projeto Áurea Sapiência desde o seu início. Com o passar do tempo sofreu várias reformulações estéticas e se tornou o selo mágico de vários trabalhos posteriores. É a base do Selo Pangrimorium. Representa o caminho esotérico formado pela convergência natural entre magia, paganismo e gnosticismo.

Índice

Sobre este livro

Há cerca de dez anos comecei a publicação de uma série de textos falando sobre gnosticismo, magia e várias outras áreas da Tradição Esotérica Ocidental. Minha intenção era trazer à tona alguns temas latentes no estudo gnóstico para serem pensados e debatidos pelos estudantes desta vertente do esoterismo buscando vislumbrar novos horizontes para nossa tradição. Essa iniciativa tinha como veículo de comunicação o blog Áurea Sapiência.

Este livro é uma coletânea dos vários textos publicados naquela época. Tratam-se de textos dissertativos e argumentativos sobre os mais variados temas, desde o mito do vampiro contemporâneo até aspectos da prática da magia sexual, buscando os mais diferentes públicos, dos leigos na tradição esotérica aos adeptos dos graus internos do templo, trazendo à reflexão temas essenciais para o desenvolvimento de todo aquele que estuda e pratica o gnosticismo, a magia e a via iniciática do ocidente.

Alguns destes textos são bastante elementares enquanto outros possuem uma profundidade desafiadora para o leitor que ainda trilha os primeiros passos do caminho iniciático. Alguns deles tratam de temas populares enquanto outros tocam pontos sensíveis e polêmicos dentro dos círculos de estudo esotérico. Tendo isso em mente sugiro que leia este livro com a mente aberta. Não acredite e não rejeite de forma apressada. Leia e reflita sobre cada texto. Exerça seu senso crítico e formule suas próprias opiniões a partir do que foi lido. Tente julgar estes textos pelo que eles são de fato e pelo diálogo que constroem com o seu próprio modelo conceitual. Permita-se aprender com eles.

Ou simplesmente relaxe e leia cada capítulo pelo puro e simples prazer de contemplar novos pontos de vista sobre gnosticismo, magia e esoterismo ocidental.

L. L. L. L.
Pan Veritrax
Curitiba, julho de 2018

Áurea Sapiência

Há séculos o poder criativo do homem em sua ânsia quase instintiva de expressar-se sobre a natureza e de abrir-se a ela para sorver seus segredos promove uma dança sinuosa pelos corredores do desconhecido caminhando sobre suas criações rumo aos limites que separam o humano do divino.

Ao longo desta jornada milenar muitas marcas são deixadas aos sucessores caminhantes assinalando as conquistas alcançadas e as possibilidades vislumbradas pelos que pisaram degraus mais distantes.

Monumentos que apontam o caminho e que testamentam a veracidade da busca falando uma linguagem antiga à consciência impercebida do curioso comum convertendo-o lentamente em um herdeiro dos antigos mestres.

A chama desperta inflama a cada contato com estas linhas perdidas o espírito da busca e o anseio de reconquistar aquilo que há muito foi esquecido, mas que permanece latente no âmago de todo ser humano animando-o e impulsionando-o a cada fôlego de sua existência.

Isso que chamamos vida se constitui no sopro primordial que assinala a verdadeira natureza humana em sua forma divina, mas de uma divindade contida e já desconhecida que deve ser redescoberta por cada um que abriu as portas do desconhecido e tocou a fonte de todas as maravilhas e o que os amantes do conhecimento chamam Verdade.

Movido por este impulso incontrolável de saber o buscador lança-se à exploração dos mais obscuros recantos do cosmos percebendo que tudo o que se edifica ao seu redor simplesmente reflete o universo real que pulsa e vive dentro dele mesmo sendo o fim de sua busca a sua própria origem.

Batalhas são travadas nos campos invisíveis e os labirintos interiores são enfrentados com coragem e medo tateando o escuro guiado pelo relevo de mapas ancestrais.

Esses são aqueles monumentos e instruções deixadas pelos que nos precederam.

Esses são os hieróglifos criptografados que guardam zelosamente a Áurea Sapiência esperando pelo espírito puro guiado pela verdadeira vontade capaz de retirar a espada da pedra e encontrar a palavra perdida.

Eis a tua herança. Abre teus olhos e vê. Ergue tua visão além dos muros e toma o que é teu por direito. Homem, transforma-te a ti mesmo!

Estrelas e órbitas

Cada ser humano que caminha sobre a face deste planeta é único. "Cada homem e cada mulher é uma estrela" já dizia um antigo e controverso Adepto.

Cada ser humano é único em todos os aspectos. E esta unicidade não se limita apenas à constituição orgânica e psicológica, mas estende-se às questões mais profundas que permeiam cada indivíduo humano como sua percepção do mundo e da realidade, seus propósitos e anseios e o papel que ele deve cumprir ao longo de sua existência.

Dentro de cada um de nós vibra e pulsa uma fagulha emanada da Grande Divindade, um Espírito Virginal, que foi lançado e ao mesmo tempo se lançou na materialidade para cumprir um propósito específico. Todo Espírito Virginal encarnado neste planeta busca em uma escala mais ampla o cumprimento dos propósitos do nosso próprio Sistema Evolutivo, mas esta tarefa se cumpre em ciclos e etapas. O que leva cada Espírito Virginal a estabelecer, segundo sua própria inteligência e a de seus Auxiliares, um propósito específico particular para cada uma das etapas de suas manifestações na materialidade.

Cada Espírito Virginal vem a este mundo material com um objetivo particular. Este é o trabalho pessoal que cada fagulha divina deve cumprir em sua existência na terra e sobre este trabalho nos falaram os antigos cristãos quando registraram as palavras de seu mestre material dirigindo-se a seu pai transcendente: "Que se faça a sua Vontade e não a minha!". Esta é a verdadeira Vontade. Não a vontade do veículo material, mas sim os propósitos e o impulso da fagulha divina que nele habita.

Para o cumprimento destes propósitos os Espíritos Virginais estabelecem planos distintos para seus processos no Período Terrestre ao longo de suas várias existências nos mundos da materialidade. Seguindo caminhos distintos ao longo de sua jornada é natural que os Espíritos Virginais revestidos de seus veículos materiais percebam o meio ambiente e reajam a ele de maneiras diferentes já que o conhecimento adquirido através das experiências em suas várias manifestações difere do cabedal de outros Espíritos Virginais.

Não bastasse os frutos de suas histórias pregressas cada Espírito Virginal recebe seu veículo material sob determinadas influências cósmicas muito bem exploradas ao longo dos séculos pela tão profanada ciência da Astrologia. Por mais próximos que fossem as experiências e os propósitos de dois Espíritos Virginais sua manifestação física seria certamente diferente estando cada fagulha divina encarnada sob os auspícios de confluências cósmicas diferentes.

O aprendizado percorrido durante suas várias existências somado à memória das experiências ocorridas ao longo da atual manifestação de cada fagulha divina segundo as potencialidades e limitações de seu veículo material vão moldando o Espírito Virginal ao longo de sua jornada fazendo com que os impulsos reativos deste ante às impressões externas sejam cada vez mais particulares. Este processo de aprendizado é o próprio propósito de todo o nosso Sistema Evolutivo e sua conseqüência natural, ao menos durante a etapa referente ao caminho percorrido do Período de Saturno até o Período Terrestre, é a individualização de cada Espírito Virginal. Nada mais natural já que a manifestação no mundo da materialidade, o auge do processo evolutivo no Período Terrestre, constitui a máxima distinção como individuo entre cada fagulha divina sendo a base para o grande desafio do Religare que cada Espírito Virginal deve cumprir para prosseguir sua jornada.

A Verdade única e plena reina perene no mundo anárquico e perfeito do Ain Soph, além dos Éons, donde tudo emana e ao qual qualquer adjetivo conferido seria uma inverdade já que é, para nós, profundamente desconhecido pois está além do Terceiro Véu. Para nós, Espíritos Virginais imersos na materialidade, só nos resta, conforme as capacidades do veículo que utilizamos, estender nossa compreensão aos limites estruturados da emanação divina governados pelos Éons e que compõe aquilo que chamamos Cosmos. Esta é a manifestação organizada e hierarquizada a que os antigos chamaram Criação e que em verdade é mero reflexo da Suprema Realidade que constitui a Divindade Ignota. Como bem nos alertaram nossos Irmãos em tempos mais antigos esta Criação é uma ilusão e seu Demiurgo um deus falso. Mas essa grande prisão é também o grande jardim de que se utilizam os Espíritos Virginais para empreender sua nobre jornada rumo ao Conhecimento. As fagulhas divinas lançam-se às trevas sob o julgo dos Éons manifestando-se na Criação até alcançarem a mais profunda materialidade para que então solitárias e imersas na obscuridade possam compreender a verdadeira natureza da Luz buscando retornar à Emanação Primordial através de si mesmas.

Enquanto imersas nas trevas da materialidade as fagulhas divinas se vêem desprovidas da Luz Suprema pois a Verdade não pode manifestar-se em sua plenitude na Criação por ser ela reflexo imperfeito da Divindade Suprema. Mas os Espíritos Virginais, como pontos de luz desprendidos da Luz Suprema, trazem em si uma pequena parcela da Verdade Primordial. Assim a Luz que guia as fagulhas divinas encarnadas que vagueiam pela Criação e pela materialidade é a Luz que elas próprias trazem dentro de si. Por isso o Adepto proclamou que "não há Deus que não o homem" e nossos Irmãos ensinaram que o verdadeiro Deus existe dentro de cada ser humano e só pode ser alcançado através da experimentação da Gnosis. "Ninguém vai ao Pai senão por mim" dizia a voz do antigo mestre conforme registrada pelos primeiros cristãos pois a Luz que brilha nas trevas da materialidade é aquela que emana do centro do coração do homem. Assim está a Suprema Verdade presente na Criação, mas fragmentada na essência de cada Espírito Virginal encarnado.

Cada ínfima parte da existência é em si reflexo do todo. Nada na Criação pode estar contrário à Realidade Suprema pois tudo é parte dela mesma. A Criação como emanação e reflexo da Realidade Suprema contém em si a Verdade Suprema refletida e emanada. Esta imagem refletida não é a Verdade, mas para as fagulhas divinas encarnadas ela pode servir de instrumento para que se alcance através do reflexo sua fonte pois cada fagulha divina é em si fragmento da Luz Suprema e a luz refletida na Criação é antes a que resplandece em cada Espírito Virginal encarnado.

Eis que tudo o que compõe a ilusão criada pelo Demiurgo para fascinar os Espíritos Virginais contém em si o potencial para guiá-los pelo processo de ruptura e transcendência da Criação e realizar a ação de Religare. Nos grilhões forjados para aprisionar e adormecer a Inteligência do homem encontram-se as chaves de sua liberdade. É por isso que os Irmãos dos tempos mais antigos apontaram o livro sagrado dos seguidores do deus de Abraão como falso, mas ainda assim dedicaram-se ao seu estudo pois nele encontra-se as Leis impostas pelo criador à criatura e em si as chaves para libertar-se do criador e transcender a própria Criação.

Assim a Verdade manifesta-se na materialidade através de inúmeras perspectivas possíveis, todas legítimas expressões da Realidade Suprema, mas todas em si parciais e imperfeitas pela própria natureza do meio em que se manifestam.

Nos foi dito que cada homem é em si uma estrela e sendo assim possui sua própria órbita. Sendo cada Espírito Virginal existente no mais profundo de cada um de nós dotado de sua individualidade e tendo o homem uma personalidade particular constituída a partir dos auspícios dos regentes da Criação e sedimentada sob os vários acontecimentos e experiências que compõe a jornada da existência nada mais natural que a órbita de cada uma destas estrelas seja consideravelmente distinta e nada mais natural que cada estrela, por conhecer sua órbita, respeite a órbita dos outros astros por saber que cada um percorreu diferentes caminhos e superou diferentes ordálios ao longo de sua jornada e também que cada um possui sua rota e seu destino pois todos tem o seu papel e seu propósito. Não pode existir uma órbita que sirva para duas estrelas. Se assim fosse ou estas estrelas seriam uma e não duas ou uma delas deveria se submeter ao trajeto e função da outra estando, desta forma, anulando a si mesma. Bem proclamou o Adepto que "só existe uma Lei: fazer a sua Vontade" pois tudo o que cabe ao homem sendo em si uma estrela é seguir a sua própria órbita e realizar a sua verdadeira Vontade emanada do Espírito Virginal que habita em seu interior profundo e que se expressa por sua Inteligência e Inspiração.

Façamos, então, o que nos cabe fazer e sejamos fiéis a nossa própria órbita. Não existe qualquer outra Lei que não fazer cumprir a nossa própria Vontade.

O caminho iniciático nos tempos modernos

Em tempos mais antigos quando um estudante desejava trilhar os caminhos dos mistérios da vida e da natureza ele deveria, antes de tudo, provar que tinha o preparo e a vontade suficiente para adentrar em tais estudos. Várias provas eram impostas pelo candidato que deveria obter sucesso absoluto em todas elas para ter a chance de ser instruído nos mistérios.

Muitas vezes obter sucesso nestas provas significava sobreviver a um determinado desafio mortal. Talvez esses testes de dignidade e valor pareçam um pouco extremas aos nossos olhos, mas também nos fazem refletir sobre a seriedade e zelo com que os antigos professores guardavam os mistérios. Os candidatos aprovados passavam pela cerimônia de iniciação que confirmava sua nova condição. O estudante, agora iniciado, se colocava sob a tutela de um mestre responsável por transmitir as instruções teóricas e práticas que conduziriam o neófito a tornar-se um verdadeiro adepto. Como iniciado o estudante deveria colocar-se sob vários votos necessários ao seu processo de estudo e desenvolvimento. Dentre estes o mais comum era o voto de sigilo que determinava que o estudante não poderia revelar qualquer informação ou detalhe de seu processo de iniciação ou de seus estudos. Assim era o estudo esotérico em tempos passados.

Mas as areias do tempo escorrem rapidamente e todos os sistemas devem adaptar-se constantemente às necessidades e ao paradigma dos novos tempos. Em linhas gerais o processo de iniciação, admissão nas escolas de mistérios e treinamento com um mestre adepto permaneceram os mesmos com o passar dos séculos, mas certamente as formas concretas da aplicação desta estrutura básica variou bastante em cada fase cultural da humanidade. Em tempos remotos antigos círculos de pedras deram lugar aos magníficos templos sagrados. Com a vinda de novos sacerdotes vieram os monastérios e os templos suntuosos foram substituídos pelos salões guardados em castelos fortificados. O fanatismo aliado ao poder forçou os adeptos a guardarem seus mistérios em lojas ocultas sob símbolos e sinais secretos. Novos tempos trouxeram uma nova abertura das escolas de mistérios e a luz adentrou novamente ao templo. O eco desta luz renovadora ainda é sentido em nossos dias quando vemos os antigos véus se rasgando e os antigos segredos sendo publicados em livros comuns entregues a todos sem qualquer distinção.

Entrando em uma boa livraria podemos encontrar muitos textos que no passado levaram muitas vidas dos que tentaram conquistá-los e falharam. No entanto eles estão ali diante dos nossos olhos, redigidos em nossa língua, sem guardiões, sem cifras, totalmente desnudos e abertos a todos os que se prestem ao trabalho do simples folhear de um livro. Mas então os antigos segredos foram revelados? As provas de valor já não mais existem? As escolas de mistérios sucumbiram e o caminho do adeptado morreu? Não. Os mistérios são como sempre foram, mas manifestam-se hoje sob um novo paradigma.

Os antigos templos serviram ao seu propósito em uma época específica da humanidade. Hoje temos maturidade e autonomia suficientes para contar com nosso próprio discernimento, com nosso próprio esforço, com nosso próprio ímpeto para buscar as informações necessárias e experimentá-las em nosso dia-a-dia. Não há mais a necessidade da reclusão e da devoção de toda uma vida para o estudo e desvelar das leis da vida e da natureza. O estudante moderno utiliza sua vida prática, a convivência com a família, as situações ocorridas no ambiente de trabalho, a interação com seu círculo de amizades e todo o mundo que o cerca como laboratório para a pesquisa das leis e princípios ocultos. Afinal, a divindade se manifesta em sua criação e, sendo assim, os segredos da vida e da natureza se encontram justamente em nossa própria vida e na natureza que nos cerca. Nenhum outro templo que não o próprio homem é necessário para se trilhar o caminho do adeptado. É certo que o trabalho em grupo, com outros filósofos herméticos, é prazeroso e produtivo, mas o processo de descoberta e desenvolvimento é uma trilha particular.

As antigas provas iniciáticas como relatadas nos livros históricos também não mais se aplicam. Mas elas ainda existem.

Mesmo hoje com os antigos conhecimentos disponíveis a todos as provas de valor e determinação ainda se verificam, mas de uma forma muito mais sutil. Não existem mais testes mortais ou tarefas aterrorizantes. Mas o bom e velho labirinto dos antigos mistérios gregos está tão vivo quanto nos tempos de Dédalo. Este é o labirinto das teorias e é certamente a prova mais difícil que o neófito moderno deve enfrentar. É bem certo que, ao entrarmos em uma boa livraria em nossos dias, encontraremos muitos dos antigos mistérios ali disponíveis. Mas como discernir qual é o autor confiável ou qual texto possui legitimidade filosófica ante tantos títulos e volumes? Como encontrar o fio que nos guiará por dentro deste labirinto? Esta é a grande prova, meu caro neófito! Milhares de volumes atraentes e fascinantes o aguardam. Grandes autoridades em todas as áreas do conhecimento humano chamam sua atenção com palavras inspiradoras guardadas em tomos magníficos. E o que é melhor: a preços muito acessíveis! Mananciais de sabedoria que só demonstram o sabor amargo de seus frutos muito tarde, quando já nos lançamos intrépidos aos meandros tortuosos de suas palavras e nos vemos totalmente perdidos dentre tantos conceitos contraditórios, tantas informações conflitantes e tantos autores especialistas que não podem concordar nem mesmo nos assuntos mais fundamentais. Felizes os que encontram o fio que os guiará por este tenebroso labirinto intelectual...

Vejo muitos de meus companheiros filósofos, emaranhados entre as teias de seus próprios conceitos, bradarem com coragem e orgulho a solução final para este enigma: "Queimem todos os livros!", "Livrem-se das teorias!", "Apenas a prática nos salvará!". Sim, os que já se perderam no labirinto das teorias aprenderam a temê-las. Mas certamente queimar o objeto de sua manifestação, os livros, em nada adiantará, pois, se eles contêm as teorias que aprisionam são também portadores do mapa que guiará por caminhos seguros os que se perderam. Os que queimam os mapas jamais encontrarão terra firme. Os que não se lançam aos escuros túneis deste labirinto jamais conquistarão a luz. Não que isso não seja possível, mas sinceramente não acredito que qualquer neófito em nossos tempos, ou mesmo dos mais antigos, tenha o valor suficiente para guiar-se por si mesmo na senda do adeptado sem balizar-se pelas pegadas dos antigos professores. Para os companheiros de jornada que aceitam o desafio de lançar-se a esta prova iniciática podemos citar as palavras do antigo hierofante que disse: "Não deixes de procurar noite e dia até que tenhas encontrado o Tesouro da Luz!". Além disso devo dizer que as provas iniciáticas em nossos dias não se resumem apenas em encontrar o caminho seguro através do labirinto. Muitos outros perigos espreitam o que busca o adeptado. Observe com mais profundidade seus campos interiores e você poderá provar uma pequena amostra do que me refiro. Mas tendo encontrado o fio condutor os outros desafios se apresentam como processos naturais da jornada.

Se as provas iniciáticas ainda existem então também devem existir os mestres que receberão o neófito que provou seu valor. "Como encontrá-lo?". "Como saber se ele é realmente uma pessoa preparada para me guiar pelo caminho?". Este é realmente um grande problema quando buscamos um mestre ou um tutor baseando-nos nos sistemas esotéricos antigos. Nesses vários anos, dentre os vários filósofos que conheci, muito raros foram os com conhecimento, experiência e caráter suficientes para ocupar a função de mestres de mistérios como faziam os antigos adeptos. Confesso que eu mesmo já dediquei muito tempo buscando este tão aguardado tutor. Mas tais mestres não mais existem na forma como os buscamos. O homem alcançou um grau de maturidade e desenvolvimento intelectual ao longo dos últimos séculos que o capacitaram a desenvolver seus estudos da vida e da natureza de uma forma mais individual. Além disso nós somos muito indolentes e irreverentes para nos colocar sob o voto de obediência irrestrita exigida pelos antigos tutores. Assim a relação mestre-discípulo deve ser buscada pelo estudante atual em uma forma mais condizente com o seu paradigma. E temos, hoje, um grande privilégio que os estudantes dos antigos tempos não tiveram: estudar com os mestres mais famosos da história sem abrir mão de nossa vida cotidiana. Como? Através de seus livros.

Os sistemas filosóficos antigos eram baseados na transmissão oral. Então porque tantos adeptos dedicaram tanto tempo e esforço, por vezes arriscando suas próprias vidas, para redigir textos que guardassem seus conhecimentos para as futuras gerações? Afinal, bastaria que eles ensinassem de forma devida e seus discípulos se encarregariam da propagação do conhecimento pelo mesmo sistema oral. Mas os livros estão aí. Inúmeros volumes de conhecimentos inestimáveis acessíveis a todos. Pois esta foi a forma encontrada pelos adeptos para continuar ensinando seus discípulos mesmo após a sua morte. Por isso tais textos foram escritos pois como filósofos que desvendaram as leis da vida e da natureza os adeptos de todos os tempos concluíram naturalmente que toda forma de conhecimento tende a se pulverizar e se perder sob as areias do tempo. Por mais preparados que estejam seus sucessores o processo natural de entropia do mundo em que vivemos tende a corroer e degenerar todo e qualquer corpo de conhecimentos que ensine ao homem as formas de transcender o sistema de realidade como o conhecemos. Não vou entrar em detalhes mais profundos sobre este assunto neste momento, mas devo recomendar a observação e o estudo dos processos de despertar da consciência e da resistência oferecida a eles pela manifestação personificada da raiz da inconsciência humana relatados pelos antigos textos gnósticos como a opressão de Ialdabaoth ou do Demiurgo sobre Sophia ou as Gotas de Luz. Este processo adormecedor inerente ao próprio propósito disto que chamamos existência material atua como uma grande névoa negra que obscurece toda fonte de luz lançada ao mundo da manifestação com o propósito de guiar a humanidade ao seu despertar. E é esta névoa negra que cedo ou tarde envolve a toda linhagem de transmissão de sabedoria esotérica corrompendo-a e obscurecendo-a. Deste processo surgiu o movimento investigativo chamado "ocultismo" por dedicar-se a extrair a essência do conhecimento transmitido pelos antigos adeptos, mas que foi ocultado pela sombra da inconsciência ou mesmo pela perda das chaves de decodificação deste conhecimento. Por não conter em si o agente deturpador o texto escrito foi adotado pelos adeptos como tentativa de tornar suas lições mais resistentes a este ocultamento. Mas é certo que a codificação também se fez necessária já que estes textos, lançados à própria sorte ao longo da história dos homens, deveriam revelar-se em sua verdadeira forma apenas aos olhos de verdadeiros iniciados. E aqui temos mais uma prova para o iniciado moderno. Superá-la depende tanto de nós quanto de nosso Ser Interior.

Mesmo estando sob os mais obscuros códigos os textos deixados pelos antigos adeptos transmitem muito ensinamento útil para os neófitos que ainda percorrem os níveis mais fundamentais da filosofia oculta. E, atendo-se às instruções e lições contidas nestes textos, o neófito coloca-se diante do ensinamento do próprio mestre que o escreveu. E é desta forma que se estabelece a relação mestre-discípulo entre os estudantes dos mistérios em nossos dias. Nossos mestres nos ensinam através dos livros e cabe a nós respeitarmos esta relação e dedicar devido respeito e dedicação ao estudo e a prática do que estes textos contêm.

Como já foi dito o primeiro e maior teste é encontrar um caminho seguro pelo labirinto das teorias e no próprio veículo destas é que está o mapa para superar tal tarefa. Encontrando este mapa encontramos nosso mestre. O processo é simultâneo afinal os textos que se mostram os mais fiéis aos propósitos de nossa busca e nosso temperamento nos guiarão e nos instruirão. Identificar estes textos é algo que não cabe apenas a nós, mas também a nossa essência divina. Para isso ela deve ser exercitada e trabalhada para que se converta em ferramenta útil em nosso caminho. Nossa relação com nossa essência divina é fundamental para percorrer o labirinto pois ela será nossa luz. Neste e em outros textos busco apontar caminhos e pontos possíveis para a referência de todo neófito que percorre o caminho iniciático, mas é a luz que emana dele próprio que demonstrará se este caminho é adequado ou não a ele. A luz interior que resplandece no coração de cada ser humano é o seu verdadeiro tutor, seu Mestre Secreto, e a ele cabe guiar este magnífico processo de transformação e edificação material, mental e espiritual que é a vida. Descobrir o Mestre Secreto e com ele estabelecer contato é a grande meta da primeira etapa da jornada de todo estudante que trilha o caminho do adeptado. Quando este contato for estabelecido e quando a relação entre você e seu Mestre Secreto for estabelecida então você poderá trilhar o caminho por si mesmo e não dependerá mais das palavras deixadas pelos antigos adeptos pois você mesmo já será um adepto e poderá ver claramente o caminho que deverá percorrer. Mas toda grande caminhada começa com alguns pequenos passos e negligenciar esses passos e condenar toda empreitada ao fracasso. Portanto seja sempre frio em seu julgamento e jamais coloque as crenças acima dos fatos. Busque observar a realidade como ela é sem mentir para si mesmo. Assim você poderá percorrer os passos fundamentais com segurança até que o verdadeiro mestre se apresente e lhe aponte caminhos novos.

A forma esotérica do ocidente

Os teosofistas influenciaram tanto o pensamento esotérico moderno que ainda é extremamente forte a tendência de só se estudar o esoterismo por vias orientais. Praticamente toda escola esotérica moderna pratica yoga ou mantra e traz muito da filosofia hinduísta e budista para seus estudos.

Quando fui apresentado à obra de Dion Fortune me deparei com a idéia de um sistema esotérico legitimamente ocidental, adaptado às condições e às necessidades do nosso paradigma. Essa idéia me impressionou muito e a partir disso comecei a pesquisar cada vez com mais afinco a chamada Tradição Esotérica Ocidental. O que descobri, por fim, é que existem muitas ferramentas e métodos de desenvolvimento interior forjados no ocidente e que, por sua própria natureza e propósito, são muito mais condizentes e eficazes para o nosso paradigma do que os métodos orientais.

Claro que a Tradição Esotérica Ocidental agregou muito das técnicas e filosofias orientais e estas trouxeram grande avanço e mais eficiência á forma ocidental. O maior exemplo é o yoga que está, hoje, profundamente mesclado à prática esotérica ocidental. Mas mesmo na utilização de técnicas nascidas no oriente a forma com que estas são aplicadas em nossa realidade é tipicamente ocidental. São raríssimos os praticantes de yoga que se dedicam a este caminho de uma forma verdadeiramente oriental. A forma pode estar de acordo com o oriente, mas a postura do praticante, sua perspectiva e sua concepção da prática é puramente ocidental. Assim, mesmo quando praticamos uma disciplina oriental fazemos isso de forma ocidental. E, nesse sentido, podemos considerá-la uma técnica oriental agregada à forma ocidental.

Apesar das inúmeras contribuições do oriente a linha central de estudo e trabalho da Tradição Esotérica Ocidental foi desenvolvida pelos próprios ocidentais. A essência desta forma de esoterismo está justamente na tradição filosófica que compôs a base para praticamente todas as escolas e ordens de mistérios modernas com maior ou menor intensidade. Esta essência é a filosofia conhecida como Cabala que possui sua forma de aplicação prática na arte mística e científica chamada Magia. Claro que estou falando da cabala e magia modernas que passaram por vários ciclos de evolução e desenvolvimento e que se apresentam como disciplinas perfeitamente alinhadas com a forma cultural e comportamental do homem moderno. Em adição a essa essência antiga o yoga se encaixa perfeitamente como complemento. A magia é uma prática de extroversão enquanto o yoga é uma prática de introversão. São disciplinas que se completam dentro da via esotérica ocidental moderna.

Esse conteúdo mais científico que caracteriza o modo ocidental de esoterismo está alicerçado em uma das formas místicas e religiosas mais antigas da história ocidental: o Gnosticismo. Como é reconhecido por todo cabalista experiente o gnosticismo forma o próprio fundamento místico e filosófico do estudo da cabala e da prática da magia. Este sistema religioso também está em perfeita sintonia com a proposta do yoga. O gnosticismo se alimentou das mais variadas correntes filosóficas e religiosas ao longo dos séculos e serviu de alimento para várias delas formando um processo contínuo de retro-alimentação de conceitos e técnicas alcançando nossos dias de forma perfeitamente adaptada à vida cotidiana atual.

Em linhas gerais esta é a composição de disciplinas antigas que deram origem a esta forma moderna de prática esotérica que chamo de Tradição Esotérica Ocidental e que se apresenta como uma corrente filosófica sincrética e aberta a interação com as mais variadas formas de ciência, filosofia, arte e religião, mas que possui seu núcleo próprio de estudo e prática.

É no estudo inteligente e na aplicação integral da Tradição Esotérica Ocidental que reside a via mais segura e eficiente de Iluminação para toda pessoa educada sob o paradigma ocidental e integrada à vida urbana de nossos dias.

Sagrado e profano

Normalmente nós consideramos as disciplinas e exercícios que envolvem nossa religião muito mais nobres do que as "coisas mundanas" do nosso dia-a-dia. Então caímos no antiqüíssimo erro de dividir nossa vida entre "sagrado" e "profano".

Todo trabalho que empreendemos dentro da nossa religião é "sagrado" e todas as outras questões que dizem respeito à mera sobrevivência no mundo da matéria é "profano". E é nesse momento que nosso trabalho se torna parcial e que corremos o risco de nos enveredar por uma linha de ação que, no melhor das hipóteses, nos fará perder muito tempo pelos labirintos conceituais do preconceito e da miopia intelectual.

A verdade é que não existe essa história de "sagrado" e de "profano". Isso é uma grande mentira.

Tudo o que fazemos durante cada dia de toda a nossa vida é sagrado. Aliás não há nada mais sagrado do que nossa própria vida em todos os seus aspectos. E o processo de estar consciente em tudo o que fazemos é justamente o exercício de absorver ao máximo toda a sacralidade inerente às atividades do nosso dia-a-dia. Quando fazemos qualquer coisa sem consciência do que estamos fazendo perdemos a chance de entrar em contato com o sagrado inerente àquele momento. O contato com a divindade é obtido a cada instante e a verdadeira oração é realizada pela simples tomada de consciência das coisas mais simples.

Esse princípio imanente que chamamos Deus apresenta sua face por toda a natureza e por toda a existência e tem seu foco de manifestação dentro de cada ser humano. Somos nós a expressão divina na criação e é dentro de nós que deve ser buscado a verdadeira divindade. Mas para que esse Deus Interior se manifeste ele deve atuar em toda a sua extensão sobre a natureza ao seu redor percebendo e realizando através da ressonância entre o externo e o interno a sua própria divindade. Esse é o processo da realização de Deus em nós mesmos através da dialética da consciência.

A única maneira de Deus manifestar-se sobre a terra é através do homem. Mas para que isso aconteça o homem deve fazer-se Deus. Esse é o verdadeiro processo de "religare". E os instrumentos necessários para alcançar essa meta são cada um dos mais simples acontecimentos do nosso dia-a-dia.

O que é magia

O que é magia? Dificilmente esta palavra será totalmente desconhecida para uma pessoa do nosso tempo. Muitas imagens surgem em nossa mente quando nos perguntamos o que seria a magia.

Desde os filmes de terror até os mágicos ilusionistas ou mesmo os contos de fadas, várias imagens são associadas popularmente à prática e ao estudo da magia.

O estudante que tenha algum conhecimento prévio do tema logo buscará afastar estas idéias formadas pelo imaginário popular por se tratarem de fantasias supersticiosas e por muitas vezes preconceituosas. Mas se observarmos estas imagens com um pouco mais de desprendimento perceberemos que todas elas não estão assim tão distantes de uma conceituação possível de magia.

Certamente a figura da bruxa má dos contos de fadas ou dos adoradores de entidades malignas dos filmes de terror não apresentam uma imagem que tenha qualquer relação com o praticante real da magia. Afinal são fábulas e histórias que não tem qualquer compromisso com a realidade que não o simbolismo. Também o mágico que exibe seus dons ao público para diverti-los não pode ser abraçado como uma imagem adequada para buscar o real sentido da magia. Mas todos estes personagens tem uma coisa em comum: seus feitos que desafiam a lógica e a própria realidade. Sempre que pensamos em magia trazemos a nossa mente alguma imagem vinculada a realização de feitos sobrenaturais. E isso não está tão longe assim da verdade.

O verdadeiro mago, apesar de distante das figuras mencionadas, traz consigo esta característica presente no imaginário popular. Ele é capaz de realizar proezas que desafiam o entendimento comum sobre a natureza. Feitos considerados sobrenaturais. Não como as ilusões dos mágicos, mas verdadeiras alterações na natureza manifestadas através de efeitos totalmente perceptíveis, mas cujas causas desafiam as concepções da ciência comum. Mover objetos sem toca-los, produzir sons sem fonte aparente, alterar fenômenos naturais como os ventos e a chuva, entrar em contato com criaturas invisíveis obtendo delas informações e favores ou incitando-as a manifestarem-se no mundo visível comprovando assim sua existência e tantos outros fenômenos são possíveis através da prática da magia.

Esta é a arte de provocar efeitos e alterações na natureza de acordo com a vontade do mago, mas utilizando-se de técnicas ou mecanismos desconhecidos ou não investigados pela ciência moderna.

E aqui não há nada de sobrenatural. Nada pode acontecer na natureza que transgrida alguma de suas leis. Tudo o que ocorre na natureza é, por definição, natural. Mas se algum efeito nos parece sobrenatural isso só demonstra nossa incapacidade em compreender os princípios envolvidos no processo. Assim o mago é um investigador dos processos da natureza expandindo seu campo de estudos além do mundo sensorial tocando e interagindo com as forças e princípios naturais que estão ocultos aos olhos dos homens comuns.

Este tipo de estudo vem sendo realizado ao longo de toda a história da humanidade e entre todos os povos em todas as épocas podemos encontrar relatos de homens e mulheres que se dedicaram ao estudo e à prática da magia.

Mas, nos dias atuais com a ciência e a tecnologia que dispomos, para que serviria o estudo da magia?

Conhecer as forças ocultas da natureza e saber como maneja-las sempre nos oferecerá possibilidades que vão além da tecnologia convencional. Quando falamos na aplicação da magia para provocar alterações sobre a natureza não nos referimos apenas à tarefa de gerar os mesmos fenômenos verificáveis através de meios tecnológicos e cotidianos, mas agora com métodos mágicos. A magia oferece a possibilidade de comandar forças da natureza capazes de gerar efeitos que seriam impossíveis pela ciência convencional. Quando expandimos nosso campo de interação com a natureza expandimos também nossas possibilidades de resultados a serem obtidos. A magia, apesar de muito antiga, ainda se demonstra uma tecnologia muito avançada justamente por lidar com uma gama muito mais ampla de matéria-prima e de campos de atuação. Muito do que um bom mago é capaz de fazer ainda pode ser considerado um milagre impossível de ser reproduzido pela ciência. Isso por si só já é um grande motivo para estudar a magia em nossos tempos.

Além de oferecer ao estudante desta ciência a possibilidade de controlar as forças da natureza a magia oferece também todo um caminho de transformação interior e de expansão da consciência. Magia lida com controle sobre a natureza e esta pode ser tanto a natureza exterior quanto a natureza interior. Transformar o mundo que nos cerca é possível, mas muito mais nobre e laborioso é transformar o nosso mundo interior. E a própria prática da magia externa provocará espontaneamente uma transformação interior no mago. A magia é, em última instância, um sistema de reeducação interna e de despertar da consciência. Sua prática constante moldará, através dos feitos externos, o mundo interior do mago e a medida em que ele exerce sua vontade sobre a natureza esta vontade se torna mais forte e o próprio mago se integra à natureza. Este é um processo de gestação de um novo indivíduo que inicia seu caminho interagindo com as forças ocultas da criação e vai pouco a pouco integrando-se a elas até fazer parte destas mesmas forças tornando-se um verdadeiro agente da criação.

Nos primeiros estágios ou contatos com esta ciência a magia é normalmente utilizada para resolver os problemas mais cotidianos e para auxiliar no dia-a-dia do mago. Com o passar do tempo e através da prática e do estudo constante o mago vai inserindo um caráter mais profundo em seus estudos de forma natural.

A magia é um instrumento de ação e de transformação. Ela pode ser utilizada para qualquer finalidade. Como instrumento ela não é boa nem má. Ela é simplesmente natural. A ética no uso e na aplicação da magia começam e terminam no próprio mago. Também, como processo de transformação interior, os resultados obtidos pela aplicação destas técnicas dependerão da conduta, dos métodos e dos propósitos do próprio mago. A magia é penas um instrumento. O homem colhe aquilo que planta e qualquer conseqüência decorrente da aplicação das técnicas da magia se devem as escolhas e as aplicações feitas pelo mago.

A prática da magia oferece para quem a estuda uma nova perspectiva do mundo que o cerca. Uma nova postura ante a natureza é tomada e uma transformação interior se inicia. Grandes possibilidades e grandes poderes são oferecidos. Mas tudo isso demanda responsabilidade. Não porque o mago será punido por forças invisíveis, mas pelo simples princípio do retorno.

Você que aspira aos mistérios da natureza siga sua jornada com passos fortes e decididos, com coragem, ousadia e sem temores. Mas guie cada passo com o discernimento e o estudo e mantenha sempre seu olhar no objetivo traçado. Estude os ensinamentos deixados pelos antigos professores. Siga os passos deles e compreenda o legado que eles nos deixaram antes de caminhar com suas próprias pernas.

O estudo da magia exige coragem e ímpeto. Este é um caminho de experimentação prática e de investigação. A crença deve ser um estágio a ser superado logo nos primeiros passos através do conhecimento direto. Este é um caminho de ação. Mas é também um caminho de estudo constante e de pesquisa intensa. Teoria e prática devem sempre caminhar juntas em perfeito equilíbrio. O legado dos antigos magos registrados em seus textos não deve ser ignorado. O discernimento e a cultura são a base do mago e eles evitarão os erros. Estude e pratique. Este é o caminho do mago.

Magia e realidade

Realmente há muito mais entre o céu e a terra do que podem perceber nossos olhos. Nossa visão do mundo que nos cerca ou mesmo sobre nós mesmos é extremamente limitada. Nós acreditamos que o que vemos e sentimos é o real.

Mas o que é a realidade? Seria o que é captado pelos nossos cinco sentidos? Seria o que sabemos? O que sentimos? Seria o que o senso comum considera real? Seria a realidade as nossas crenças? Nossas concepções?

Esta questão pode parecer sem propósito. Afinal a realidade é o que é. Contudo, quando observamos a forma com que percebemos as coisas do mundo externo, quando nos questionamos sobre a verdadeira natureza destas coisas, quando questionamos nosso próprio sistema de crenças logo percebemos que realidade é um mero conceito. Um conceito bastante vago.

A física atual tem questionado a nossa idéia de realidade e a nossa percepção do mundo. Muitas conclusões interessantes têm surgidos e vêm sendo divulgadas a partir destes questionamentos. Muitos destes cientistas declaram que a realidade como nós a percebemos ou aceitamos nada mais é do que uma perspectiva possível desta escolhida por nós, de forma consciente ou não, e que aceitamos como sendo a nossa realidade. Mas existem muitas outras perspectivas possíveis.

Realmente conhecemos muito pouco sobre estrutura e as possibilidades do mundo que nos cerca. Tendemos a aceitar alguma coisa como possível e outra como impossível simplesmente porque estamos presos em um paradigma, um sistema de crenças, um modelo de existência e acabamos por adequar todas as nossas experiências para que elas caibam neste modelo. Assim nos sentimos seguros acreditando em uma normalidade que nos mantém dentro de um mundo previsível e controlado.

Só porque fechamos nossos olhos aos fenômenos que não compreendemos na natureza não quer dizer que eles deixaram de existir. Quando alguma coisa nova acontece o homem logo cria uma palavra para classificar esse evento e a integra em seu modelo de existência. Se observarmos nosso cabedal de conceitos encontraremos ali uma grande quantidade de termos que utilizamos constantemente, mas que não compreendemos. Quando algo é classificado, quando um fenômeno recebe um rótulo, isso agrega a ele uma sensação de controle e de perfeita integração ao nosso conjunto de crenças. E então deixamos o novo termo lá, escondido em nosso sistema, sem jamais questioná-lo, sem jamais buscar sua essência ou seu real significado, sem jamais compreende-lo. O que é a "gravidade"? O que faz ela atuar sobre os corpos depositados sobre a superfície de um planeta? E a "luz", o que é? O que é o "tempo"? O tempo realmente existe? E o "destino"? Estas e tantas outras idéias estão aprisionadas em termos que só fazem atestar a nossa ignorância sobre os princípios mais fundamentais da natureza em que estamos inseridos.

São várias as histórias de feitos fantásticos ou eventos insólitos envolvendo praticantes da ciência mágica. Nossa primeira reação ao entrarmos em contato com tais histórias é de considerá-las meros contos de fadas ou narrativas puramente ficcionais. Afinal tais feitos ou eventos não tem lugar entre aquilo que consideramos real. Nosso modelo de crenças e conceitos rejeita automaticamente este tipo de narrativa e assim nos mantemos seguros acreditando que o mundo é exatamente da maneira que vemos e que a natureza segue escrupulosamente todos os princípios em que acreditamos. Mas não acreditarmos em um fato faz com que este torne-se ficção? Não aceitarmos que um determinado evento natural ocorra o impede de continuar ocorrendo? Definitivamente não. A natureza não se subjuga a nossas crenças ou concepções. Então o que garante que as histórias fantásticas que chegam até nós não sejam reais? Que os feitos e eventos descritos não tenham realmente ocorrido?

Admitir nossas limitações de percepção e conhecimento é o primeiro passo para buscar uma visão mais ampla do mundo que nos cerca. O cético inquiridor é tão néscio quanto o crente comodista. Ambos fogem de um envolvimento verdadeiro com a sua própria existência sobre a terra seja rejeitando tudo o que lhe é proposto seja abraçando qualquer proposta sem qualquer senso crítico. O homem inteligente buscará reconhecer suas limitações ante as infinitas possibilidades que seus olhos não alcançam e reconhecerá sua capacidade de ampliar sua visão expandindo-a além dos limites atuais de sua percepção do mundo.

A prática da magia apresentará diante dos olhos do estudante sincero uma série de fenômenos e eventos que certamente desafiarão sua visão de mundo, suas crenças, seu paradigma. E estamos falando aqui de eventos concretos e não de truques mentais provocados por uma mente fervorosamente crente e uma imaginação fértil. Um estudante sincero da ciência mágica obtém resultados que se apresentam a ele de forma irrefutável.

Assim a prática da magia não exige crença e até mesmo a renega. Ela exige sinceridade, coragem e empenho. Acreditar em demasia é tão perigoso quanto rejeitar com muita veemência. O mago deverá ter uma atitude entre estes dois pólos e adotar uma postura mais investigativa. Não acreditando, mas aceitando as possibilidades. Não rejeitando, mas verificando através da experimentação direta. Estendendo e ampliando cada vez mais a sua visão do mundo mantendo-se sempre consciente de que quanto mais enxerga muito mais há para ser visto. Desta forma a natureza e a realidade vão se despindo diante do mago e ele se transforma pouco a pouco.

Mundos invisíveis

Durante séculos e séculos as várias culturas de nosso planeta vêm descrevendo outros mundos de existência relacionados ao nosso próprio mundo, mas que são invisíveis aos nossos olhos. Estes são os mundos dos espíritos, dos anjos, dos devas, dos djinns, dos deuses e de tantos outros seres descritos pelos vários povos ao longo da história.

Estes são os mundos dos antepassados onde vivem os fantasmas dos seres humanos desencarnados. Estes são os mundos dos seres invisíveis que controlam a natureza e que guiam a humanidade. Estes são os mundos sutis imperceptíveis aos sentidos comuns do homem.

A existência dos mundos invisíveis vem sendo relatada e investigada há muitos séculos e estão presentes em todas as culturas. Várias são as formas com que eles são descritos e vários são os seres que neles habitam segundo cada mitologia ou cultura. Mas todas elas concordam na existência de outros planos naturais e de outras criaturas invisíveis que interagem com os seres humanos e que desempenham algum papel nos processos da vida na terra. Esses relatos antigos foram vistos como expressões sem qualquer base factual pelas mentes mais racionais, mas inúmeros indícios e pesquisas no nosso tempo tem mudado um pouco essa visão.

Os cientistas apontam a existência destes mundos paralelos ao nosso, mas seus métodos ainda não lhes permitem investigá-los de forma direta e concreta. Mas estudiosos mais abertos às possibilidades de investigação da natureza tem empreendido vários estudos científicos que vão muito mais além da mera comprovação matemática de tais mundos. Institutos de pesquisas parapsíquicas tem demonstrado a existência destes mundos e da capacidade humana de interagir com eles através de vários experimentos de laboratório. Várias experiências em contatar seres que habitam esses mundos invisíveis tem conseguido um considerável grau de êxito. Experiências por várias técnicas com contato entre pesquisadores e pessoas já falecidas demonstram que estas possuem uma existência real após suas mortes e que habitam um mundo natural diferente, mas integrado ao nosso plano de existência. Este tipo de experiência de contato tem demonstrado que não apenas seres humanos desencarnados habitam estes mundos invisíveis, mas também uma ampla gama de seres originários destes próprios planos de existência. Poderíamos discutir se estes seres correspondem aos anjos ou outros tipos de criaturas descritas pelas antigas mitologias ou a alguma outra classe de criaturas, mas a sua existência é um fato. As pesquisas na área da projeção astral consciente têm demonstrado que o homem pode não somente contatar e interagir com os mundos invisíveis ou com seus habitantes como também é capaz de lançar sua consciência nestes mundos e experimentar de forma direta todos os seus processos naturais.

Estas investigações demonstraram que estes mundos invisíveis não são planos de existência independentes do nosso, mas compõe uma extensão da nossa própria existência abrangendo leis naturais e situando-se em esferas de percepção que nossos modelos atuais não alcançam. A visão holística e o modelo holográfico para o estudo do universo proposto por alguns pensadores da física moderna apresentam uma possível visão da ciência para esta verdade tão antiga. Assim os mundos invisíveis não são propriamente outros planos existenciais distintos do nosso. É a nossa visão da existência como um todo que é parcial. Aquilo que consideramos o nosso plano de existência é, na verdade, apenas uma pequena parcela da existência como um todo. Toda a natureza se manifesta em um nível de realidade que vai muito além do que é captado pelos nossos sentidos comuns.

Como em toda a nossa interação com o mundo estamos acostumados a definir o ser humano por aquilo que percebemos de sua manifestação. Assim vemos seu corpo, seus hábitos, seus sentimentos, suas idéias e tudo aquilo que o caracteriza como indivíduo ou manifestação na natureza. Mas como a própria natureza se entende por mundos invisíveis além da nossa percepção também o homem possui uma existência invisível. As religiões falam em uma alma como uma manifestação invisível e de natureza espiritual do ser humano. Se estendermos nossa visão além das figuras religiosas perceberemos que há uma grande verdade nesta idéia. Os mundos espirituais eram a forma com que os antigos sábios descreviam esta extensão da existência apontada pela física moderna e que possui sua denominação específica em cada cultura ou corrente de pensamento.

A extensão da existência humana por estes mundos invisíveis constitui a natureza ou expressão espiritual do ser humano, ou seja, sua alma.

As experiências com a projeção da consciência, popularmente chamada viagem astral, permitem transferir o foco de nossa consciência para as expressões invisíveis da natureza e do homem. O investigador, através das técnicas adequadas para a projeção da consciência, transfere o foco de sua percepção do corpo material para o seu corpo espiritual e assim pode perceber e interagir com os mundos invisíveis utilizando-se de um veículo de manifestação próprio destes mundos. As experiências nestas áreas têm demonstrado alguns fatos interessantes que podem nos ajudar a formar uma visão mais completa acerca dos mundos invisíveis da natureza. Este tipo de experimento demonstra que os mundos invisíveis se organizam em graus de manifestação que se comportam como planos distintos de existência. Não podemos dizer com certeza se estes graus constituem fronteiras verdadeiras que distinguem um mundo de outro. É provável que isso se deva mais à nossa limitação de percepção do que a uma distinção verdadeira entre planos de existência. De qualquer forma a experiência da projeção da consciência para estes mundos invisíveis traz ao estudante a sensação de mudança de níveis de realidade ou de comportamento das leis naturais. Há também uma certa organização lógica entre estes níveis o que comprova os modelos estabelecidos pelos antigos sábios demonstrando que os mundos espirituais se organizam em esferas de manifestação em compõe uma hierarquia organizada.

A leis naturais e a organização da existência com um todo são obviamente as mesmas desde a antiguidade até nossos dias e, pelo que os textos antigos demonstram, a suposta falta de tecnologia dos cientistas daqueles tempos não foi empecilho para que suas investigações sobre a natureza do homem e do universo alcançasse e até mesmo ultrapassassem as conquistas dos cientistas atuais nesta área. Todos os esforços dos pesquisadores e cientistas modernos rumo a investigação dos fenômenos e leis que ultrapassam a nossa percepção comum da natureza e do universo só tem demonstrado que estes conceitos já eram dominados e utilizados pelos vários sábios da antiguidade e que seu legado apresenta técnicas verdadeiras para a investigação da natureza em um nível muito mais amplo e, ainda assim, com o emprego de técnicas simples e diretas. Entre estas técnicas fulgura a prática da magia e um conhecimento básico da constituição e organização dos mundos invisíveis é fundamental para a correta compreensão dos fundamentos e da prática da ciência mágica.

Estes mundos invisíveis representam o próprio processo da criação do universo. O Princípio Criador emanando e estabelecendo novos paradigmas naturais e existenciais gerou tudo o que existe de forma gradual. Neste processo vários mundos em diferentes estágios de constituição foram criados. Estes compõem uma verdadeira hierarquia existencial que separa a terra onde vivemos e o princípio criador do universo. Esta hierarquia de mundos possui sua hierarquia de princípios inteligentes ou de seres nativos. Nosso mundo está no ponto mais denso da criação e toda a hierarquia de seres dos mundos invisíveis incide sobre o nosso próprio mundo regendo cada elemento de nossa natureza por constituírem parte e princípio de emanação da mesma a partir do princípio criador.

Este modelo é descrito por todas as correntes filosóficas e religiões tradicionais cada uma utilizando uma terminologia própria, mas todas referindo-se aos mesmos princípios. Estes mundos invisíveis foram chamados pelo cristianismo antigo de céus e estes seres que de certa forma controlam a nossa própria natureza física foram chamados anjos e sua composição hierárquica foi denominada hierarquia divina. O princípio criador é o ponto de onde emana toda a criação e é, consequentemente, a raiz da verdade e da essência de tudo o que existe. Este é verdadeiramente Deus sem qualquer forma criada por qualquer instituição religiosa. Como cada mundo com suas hierarquias de seres se alinham entre o nosso mundo físico visível e a raiz da criação temos aí uma escala de elevação que se reflete em uma hierarquia de poder sobre toda a criação visto que cada nível de realidade emanado se original de um nível de realidade anterior. Assim os seres que habitam os mundos mais próximos ao mundo físico visível, segundo as capacidades de percepção da nossa consciência, respondem aos seres que habitam os mundos mais elevados, ou mais próximos de Deus, o ponto central de origem da criação.

Como a magia funciona

Magia é a arte e ciência de produzir efeitos sobre a natureza, tanto no ambiente externo ao homem quanto em seu universo interior, seu espaço psicológico. Estas alterações, através das técnicas mágicas, se dão por meios desconhecidos da ciência ou do conhecimento comum. Mas como isso se processa? Como é possível gerar um efeito material sem utilizar um instrumento material?

Se refletirmos sobre a extensão da existência além dos sentidos comuns e sobre a composição e organização da natureza nos vários mundos invisíveis já podemos ter uma idéia de como isso é possível.

Tudo o que existe possui uma natureza material e espiritual. Como já vimos a expressão material corresponde à manifestação perceptível aos sentidos comuns e a expressão espiritual corresponde à manifestação nos mundos invisíveis. Todas estas manifestações compõe um todo único, mas cada uma delas se expressa em seu meio específico segundo as leis e características deste meio. Esta composição multi-existencial é verificada em tudo o que existe na natureza. No homem a expressão espiritual corresponde a sua alma. Vários autores se referem a esta expressão como os veículos sutis do homem. São chamados veículos por serem a forma externa por onde se manifesta sua consciência ou sua essência interior que o caracteriza e são chamados sutis por não serem perceptíveis pelos sentidos comuns. Pelo mesmo motivo os mundos invisíveis também são chamados mundos sutis.

Se queremos provocar alguma alteração em algum elemento existente na natureza devemos empregar alguma ação sobre ele. Quando empregamos alguma força sobre um elemento material podemos perceber as conseqüências materiais desta ação sobre o elemento. Mas as consequências de uma ação provocada sobre um elemento material repercutem sobre todo o elemento e não apenas por sua parte material visível. Assim se empurramos um objeto qualquer não apenas a sua expressão material sofre as consequências desta ação, mas toda a sua composição multe existencial é afetada. Da mesma forma se uma força ou ação incide sobre a parte sutil de um objeto toda a sua composição sofrerá as conseqüências.

Esta é a base da magia e é desta forma que podemos provocar efeitos visíveis na natureza por meios sutis. Basta afetar os aspectos sutis do elemento sobre o qual queremos provocar a alteração. Isto pode ser feito de forma direta, incidindo a ação diretamente sobre o elemento a ser afetado, ou indireta, incidindo a ação sobre o ambiente onde esse elemento está inserido provocando a alteração por decorrência natural. Também podemos fazer isso por nós mesmos, atuando segundo nossos próprios recursos sobre o elemento em questão, ou trabalhando outras forças e até mesmo princípios inteligentes para que estes atuem sobre o elemento. Também devemos considerar que o objetivo de nossa ação mágica poderá incidir sobre um elemento bem específico como um objeto ou sobre um elemento mais sutil como o tempo, o destino ou a casualidade. Quando ampliamos nosso entendimento da natureza uma quantidade maior de ferramentas se coloca a nosso dispor e elementos considerados abstratos ou conceituais como os citados podem ser trabalhados de forma efetiva. Feitas estas considerações poderíamos pensar que a tarefa é complexa. Na verdade, todos estes pontos e vários outros devem ser considerados quando planejamos uma ação mágica, mas a essência de todo o processo é sempre a mesma: provocar uma alteração nos mundos sutis para que estas se reflitam como alterações no mundo físico.

E como podemos fazer isso? Como já vimos toda ação realizada no mundo material repercute no mundo espiritual. O problema é que não temos consciência suficientemente ampla para perceber todas as conseqüências espirituais das ações que realizamos. Então temos dois caminhos a seguir. O primeiro é trabalhar intensamente sobre a nossa própria capacidade de percepção do universo até adquirir a capacidade de observar a existência em seu todo compreendendo as relações entre ações e efeitos em todos os mundos da natureza. O segundo é estudar e seguir escrupulosamente as instruções e técnicas deixadas pelos antigos magos para afetar os mundos sutis e gerar efeitos específicos. Se optarmos pelo primeiro caminho quando atingirmos o grau de consciência necessário para compreender todos os processos da natureza em todos os seus níveis de realidade certamente não precisaremos mais estudar a ciência da magia pois teremos assimilado todos os seus princípios e nenhuma técnica ou disciplina física nos é mais necessária. Se seguirmos o segundo caminho estaremos eternamente presos às fórmulas legadas por outros magos e nunca conseguiremos expandir nossa consciência compreendendo as verdadeiras causas e as conseqüências reais por trás das receitas que utilizamos. Mas se aplicarmos as técnicas e ensinamentos desenvolvidos pelos antigos magos mantendo-nos empenhados em compreender seus fundamentos e utilizá-las para ampliar a nossa própria concepção do universo teremos então o equilíbrio perfeito para a investigação das manifestações sutis da natureza e para o nosso aperfeiçoamento interior.

A chave de todo o processo mágico é a luz astral. A luz astral é a matéria-prima da criação, a substância que compõe os mundos naturais, a energia que movimenta os ciclos vitais da existência. De forma genérica poderíamos dizer que a luz astral é a matéria sutil ou os próprios mundos invisíveis. Ela é o foco de atuação do mago. O veículo por onde se realiza a magia.

A magia é um caminho gradual de despertar da consciência. Muitos pensadores modernos afirmam que a magia não deveria ser praticada por estudantes que ainda não desenvolveram certa compreensão do universo ou certas capacidades interiores. Mas estes pensadores se esquecem que a magia é justamente um sistema para desenvolver estas capacidades e adquirir esta compreensão. A magia parte de aplicações práticas e simples e, a partir destas aplicações, constrói uma nova forma de interação com a natureza desenvolvendo pouco a pouco as capacidades interiores do mago. Não é um sistema apenas para iluminados, mas sim um caminho para se atingir a iluminação. Outros pensadores afirmam que a magia é perigosa por lidar com forças desconhecidas da natureza. Novamente lembramos a estes pensadores que a magia é um sistema que visa a iluminação, o despertar da consciência, e assim sendo parte da investigação das forças desconhecidas da natureza até que elas se tornem perfeitamente conhecidas. Afirmam que a magia é perigosa por suas práticas conferirem poder. Afirmamos que a magia é benéfica justamente por este motivo. A prática da ciência mágica realmente confere poder sobre a natureza pois aquele que compreende o mundo que o cerca, aquele que compreende as leis da natureza em sua expressão mais ampla, aquele que desenvolveu sua visão além das fronteiras do mundo material, aquele que compreendeu os processos que regem sua natureza interior e conseguiu despertar capacidades naturais nele adormecidas há muito tempo tem sim poder sobre a natureza pois a compreende mais claramente. Todos estes pensadores que levantam tais questionamentos acerca da magia só fazem demonstrar sua ignorância e o fato de que jamais se propuseram a prática da ciência mágica.

Avaliando resultados inesperados

Então você cansou de ler sobre ocultismo e resolveu praticar. Definiu um objetivo a ser alcançado e escolheu uma técnica adequada para realizar esse objetivo. Se preparou e realizou a prática. Nada aconteceu...

Você tentou novamente. Nada...

E então? Será que a técnica que parecia tão fantástica não passava de papo furado? Talvez as coisas sejam assim mesmo... o negócio é praticar e praticar e um dia a coisa dá resultado...

Não!

Se uma técnica esotérica é legitima ela deve surtir o efeito desejado. Nenhuma técnica foi projetada para não fazer nada. Todo exercício esotérico tem o propósito de gerar efeitos reais e concretos que tendem a se reforçar com a prática constante. A verificação da gradação desses efeitos é o principal parâmetro de avaliação do filósofo esotérico para medir seu progresso nos estudos místicos.

Mas e quando as coisas não saem como você espera? E quando nada acontece? Nesse caso cabe a você avaliar o que deu errado.

Ao meu ver há três pontos básicos que devem ser avaliados.

Primeiro: A técnica que você utilizou foi projetada para produzir os efeitos que você esperava? De nada adianta, por exemplo, praticar a meditação quando o que você realmente quer é a projeção energética. É necessário que você escolha a técnica correta para conseguir o que busca. E se você não sabe o que quer então nenhuma técnica servirá para você. O primeiro passo é traçar seu objetivo de forma clara e precisa e depois escolher uma técnica que atenda a esse objetivo.

Segundo: Você possui os requisitos necessários para a correta realização da técnica escolhida? Como os sistemas esotéricos estão todos muito acessíveis em nossos dias e como são realmente poucos os que tem a paciência de seguir um programa de treinamento gradativo a grande maioria dos iniciantes se lança á experimentação de várias técnicas sem qualquer avaliação do nível de dificuldade delas.

Mas como você vai saber se a técnica escolhida é muito avançada para suas capacidades atuais? Normalmente os materiais de estudo do sistema filosófico que você adotou devem apontar os pré-requisitos para a realização da técnica. Mas isso é cada vez mais raro nos textos que temos hoje. Então só nos resta mesmo experimentar. Realize a técnica buscando perceber durante a própria prática algumas capacidades que, se obtidas, facilitariam a obtenção de resultados.

Por exemplo, digamos que você deseja alcançar o estado de meditação, ou seja, o estado de vazio ou calar da mente e escolhe uma técnica específica para isso. Durante a prática você busca o seu objetivo, calar a mente por completo, mas os movimentos involuntários do seu corpo atrapalham todo o processo. Você percebe que sua respiração não flui adequadamente mantendo seu corpo em um estado de tensão. Você percebe, também, que é muito difícil manter-se focado no objetivo de calar a mente já que ela vagueia por vários pensamentos e lembranças que não tem qualquer relação com a busca do estado de meditação. Ao terminar a experimentação da técnica que deveria ter produzido o estado de meditação você já pode perceber algumas capacidades que fizeram falta durante o exercício: postura e relaxamento corporal adequados, respiração fluídica e uma concentração mínima para manter o foco do exercício.

Depois que você conseguir levantar quais são os pré-requisitos para a prática correta da técnica que escolheu basta traçar uma estratégia de ação. Monte um pequeno programa de práticas começando pelas mais fundamentais e, conforme vai conquistando algum domínio sobre elas, passe para práticas mais profundas. Só não cometa o erro de se julgar despreparado ou incapaz de realizar as técnicas mais avançadas. Na verdade, todas essas técnicas são aplicadas e dominadas simultaneamente. Este pequeno programa de práticas indica apenas onde a atenção deve ser posta com mais ênfase. Mas em toda a prática é interessante que todos os passos sejam realizados. Assim, no nosso exemplo, você aprenderá a meditar meditando e usará o programa para definir estágios preliminares a serem realizados em cada prática de meditação. Não espere alcançar a perfeição em cada estágio, mas também não desmereça o método e o progresso gradual. Encontre um ritmo e uma forma de praticar que esteja entre esses dois extremos.

Terceiro: A técnica escolhida é eficaz para você e é adequada ao seu ritmo pessoal? Dentro de uma mesma corrente filosófica existem normalmente muitas técnicas para se obter um resultado específico. Veja, por exemplo, as dezenas de métodos disponíveis para conseguir a projeção da consciência ou as dezenas de mantras para o desenvolvimento dos poderes fundamentais do homem. A existência de tantas técnicas se justifica pela igual diversidade de tendências pessoais ou de características internas dentre os estudantes do esoterismo. Praticamente cada pessoa tem um ritmo, uma necessidade interior e uma forma particular de interagir com os vários elementos de sua jornada. Assim algumas pessoas obterão efeitos rápidos e intensos com algumas técnicas que se aplicadas por outras pessoas se mostrarão inócuas.

Todos nós temos um caminho de menor resistência por onde o progresso e a obtenção de resultados será mais rápida e mais de acordo com nossas capacidades. Encontrar esse caminho é essencial para progredir nesses estudos. Quando encontramos nosso caminho de menor resistência podemos avaliar mais precisamente quais técnicas serão mais eficazes para nós e quais conceitos estarão mais em acordo com aquilo que buscamos. Assim tiramos o máximo proveito de nossa busca. Dedicar-se a práticas que são, para o nosso ritmo, menos eficazes é um erro muito comum entre os estudantes esotéricos e que só traz frustração e perda de tempo. São muitos os estudantes que se dedicam a horas e horas de prática de yoga sem qualquer resultado concreto ou à prática da ritualística por anos sem ter desenvolvido qualquer contato real com os planos espirituais. Isso é pura perda de tempo.

Conheça suas necessidades internas e seu caminho de menor resistência para a busca espiritual. Comece avaliando o que te chamou a atenção para o esoterismo. Identifique quais são as disciplinas dentre as várias áreas de estudo místico que você mais gosta. Assim você poderá tomar consciência do seu ritmo particular e do seu raio pessoal que apontam qual é o seu caminho de menor resistência para a busca espiritual.

O desenvolvimento pessoal dentro das ciências ocultas é algo matemático. Basta traçar um objetivo claro, encontrar a técnica adequada e praticá-la de forma correta que os objetivos são verificados. Se os resultados não forem verificados então algum elemento dessa equação não foi atendido corretamente. A obtenção de resultados concretos é algo bastante simples. O resto são desculpas e resmungos de quem não conseguiu os resultados que queria e tem preguiça de tentar alcançá-los com mais seriedade.

O ritual da magia gnóstica

Quando se trata de magia sempre existem muitas formas de se obter o objetivo dependendo do sistema que se adote. E mesmo dentro de uma visão mágica mais focada no gnosticismo samaelita podemos encontrar várias abordagens.

Samael Aun Weor deixou várias orientações de magia cerimonial esparsas ao longo de vários livros. Muitos entendem cada técnica isolada como um sistema em si. Mas essa visão é um erro. A magia gnóstica exposta na obra de Samael Aun Weor precisa ser montada. As técnicas precisam ser reunidas de forma inteligente para formar um sistema coeso e eficaz. Isso fica bastante claro quando se estuda magia cerimonial de forma mais completa.

Para mim a magia é ciência e não crença. Ela obedece a um sistema lógico e coeso, tem fundamento teórico sólido e apresenta no final de sua aplicação um resultado concreto e mensurável. Não acredito em praticar magia por praticar ou esperar que qualquer resultado venha a seu tempo. Ao meu ver toda operação mágica tem que ter um objetivo e esse objetivo tem que ser alcançado. Se isso não acontecer o ritual ou operação fracassou. O que torna necessária uma análise sobre o que foi feito, uma correção das deficiências e uma nova aplicação até que se obtenha o resultado desejado.

Alguns rosacruzes dizem que a eficácia é a medida da verdade e eu sigo isso quase como uma regra. Então me pauto muito por aquilo que funciona.

Em linhas gerais a forma ritualística padrão para a prática da magia gnóstica sob moldes samaelitas é a seguinte:

1) Preparação do local;
2) Estrela Microcósmica;
3) Círculo mágico;
4) Cadeia de Irradiação;
5) Conjuração dos Quatro;
6) Conjuração dos Sete;
7) Invocação de Salomão;

8) Declaração da intenção do ritual;

9) Invocação do Ser Interior;

10) Evocação dos mestres, anjos ou espíritos relacionados à operação;

11) Operação mágica em si;

12) Unção gnóstica;

13) Agradecimentos ao Ser Interior e a todos espíritos citados;

14) Runa Sig;

15) Estrela microcósmica.

O ritual é importante. A ordem de um ritual não é arbitrária. A composição do ritual é chave para a movimentação das forças adequadas na magia. E a preparação do local e a reunião dos elementos a serem utilizados também. Lembre-se de que magia é uma reunião inteligente de símbolos que intentam abrir certos portais ou despertar certos tipos de forças. Então a reunião dos símbolos e a harmonia entre eles deve ser perfeita para que a energia manipulada também seja.

A preparação do local pode ser simples. Mas tem que haver no mínimo uma mesa para ser usada como altar. Sobre o altar deve haver pelo menos uma vela branca acesa, mas é melhor que sejam três representando as três forças primárias. As armas mágicas são essenciais na prática da magia. Então é interessante também que você tenha um cálice, uma adaga, uma varinha e um pantáculo. O pantáculo pode ser construído de várias formas, mas o mais comum na magia gnóstica é utilizar o Pentagrama Macrocósmico de Eliphas Levi. Mas lembre-se que ele deve ser em forma de disco e não simplesmente um quadrinho emoldurado como muitos fazem.

Alguns gnósticos substituem as armas mágicas pelas referências diretas aos elementos o que também pode ser feito. Ao invés da adaga do ar você pode usar uma pena ou mesmo uma vareta de incenso. Ao invés do pantáculo da terra você pode usar um recipiente com sal ou com terra. Ao invés do cálice da água você pode usar um recipiente com água. Ao invés da varinha do fogo você pode usar uma vela. Essa é uma abordagem mais xamânica. Ela funciona bem, mas você perde todo impacto simbólico dos símbolos que as armas representam. Você pode também usar tudo isso junto, as armas e as representações dos elementos, como nós fazemos nos templos gnósticos. Quem segue o caminho da magia utiliza vários outros símbolos e itens em sua prática, mas para quem usa a magia de vez em quando como instrumento ou para quem está começando estes citados já são suficientes. Na verdade, são o mínimo necessário.

Você pode incrementar o ritual com aromas referentes à esfera planetária, elemental ou zodiacal relacionada ao propósito do ritual e usar cores nas velas e na decoração do templo com a mesma referência.

A estrela microcósmica é interessante como forma de focar sua própria energia e de proteger o seu corpo. De certa forma ela fecha o corpo do mago. Além de ser um símbolo característico da corrente gnóstica samaelita que nos conecta com essa egrégora. Em aplicações mais profundas ela representa a autoridade do mago sobre os mundos sutis já que é um sinal atribuído ao deus Osíris.

O círculo mágico é uma forma de proteção do local. Para o praticante mais avançado de magia ele é muito mais do que isso. É um instrumento de afirmação da própria divindade do mago. Quando a gente avança na prática da magia a gente acaba se protegendo pouco e afirmando mais o poder interior. Mas tenha em mente que o círculo é, pelo menos no início, uma forma de proteção. Segundo Samael ele é traçado com a espada no solo cantando o mantra HELION MELION TETRAGRAMMATON. Mas se você não tiver uma espada mágica pode usar a adaga mesmo ou o próprio dedo. Se você tiver traçado o círculo no chão com uma corda ou mesmo riscado com giz ou carvão pode projetar sua energia através da espada, adaga ou dedo sobre o círculo cantando os mantras. Isso vai carregar o círculo como uma barreira de proteção.

O círculo deve ser traçado ao redor de todo o espaço da prática. Aquela idéia de fazer um círculo pequeno no centro do altar como o pessoal tem usado nos "rituais siderais" não está correta sob o ponto de vista da magia cerimonial. E mesmo se observarmos o livro Manual de Magia Prática do Samael Aun Weor, que é de onde esse procedimento é retirado, o que é indicado ali pode ser lido de várias formas das quais a adotada comumente nos templos gnósticos não é a mais adequada para a prática da magia. Um estudo sobre os grimórios e autores mais tradicionais trará mais luz sobre essa questão. Mas a regra geral é traçar o círculo mágico ao redor de todo espaço de prática sempre.

A cadeia de irradiação coloca nossa psiquê em harmonia e numa vibração adequada para a prática que nós vamos realizar. Ela pode até substituir a invocação ao Ser Interior já que nos coloca em contato com ele. Mas eu prefiro manter as duas separadas. Se você estiver sozinho pode apenas recitar a cadeia. Isso vai surtir efeito também. Não só pela cadeia em si, mas pela egrégora que você vai acessar. Cadeias são ferramentas poderosas para a eficácia da magia em grupo. Nesses casos são até necessárias.

Mesmo que esses procedimentos sejam negligenciados por algum motivo o ritual mágico no sistema gnóstico samaelita deve sempre começar com uma limpeza do local e uma consagração. Isso é bem comum na magia e outros sistemas usam o fogo e a água para isso. Nos rituais gnósticos usamos a Conjurações dos Quatro, a Conjuração dos Sete e a Invocação de Salomão como indicado por Levi.

Depois de preparar o ambiente o mago gnóstico deve conectar-se e trazer até o local a essência do seu verdadeiro poder: o seu Ser Interior. Para isso uma oração ou uma invocação mais formal é usada. Quando fazemos rituais com elementais essa é a hora de invocar o Intercessor Elemental para fazer nos mundos sutis os rituais referentes àquele elemental.

É comum em qualquer ritual mágico declarar a intenção do ritual. Isso direciona nossa vontade. Isso pode ser feito depois da invocação ao Ser Interior ou antes. Mas sempre deve ser feito.

A essa altura do ritual você pode fazer os exorcismos dos quatro elementos. Mas isso não é necessário. Esses exorcismos são usados para comandar os elementais puros. E se o ritual que você estiver realizando não for com um elemental puro não existe motivo para fazer esses exorcismos. Mas muitos magos gnósticos fazem e isso não é em si um erro.

Chamo aqui de elemental puro um elemental propriamente dito. No gnosticismo a palavra "elemental" é usada para se referir a pelo menos três coisas diferentes: um elemental mesmo, um espírito da natureza ou um espírito responsável por conduzir todo um grupo de espíritos da natureza. Um elemental mesmo é uma manifestação dos quatro elementos. Daí vem o termo "elemental". Um espírito da natureza, como a alma de uma macieira por exemplo, não pode ser chamado de "elemental" já que não é manifestação de um elemento, mas sim a alma de um vegetal. E toda espécie, ou até todo um gênero taxionômico talvez, é guiado nos mundos sutis por um espírito ou criatura sutil que também não deveria ser chamado de elemental. Mas a literatura gnóstica não faz essas distinções explicitamente o que causa alguma confusão. Fique atento a isso.

Então vem a operação mágica em si. Para qualquer operação mágica o objetivo deve estar bastante claro em sua mente. E a partir dele você escolhe a técnica que utilizará no ritual.

Digamos que você queira fazer algum acordo com a Lei Divina para se livrar de algum processo cármico ou para conseguir que a vida e o destino lhe favoreçam de alguma forma.

Para operações mágicas com a lei a técnica mais utilizada pelos gnósticos é escrever uma carta destinada à Lei Divina ou à Anúbis expondo o que você quer obter. Pode ser só um pedido, mas é mais comum que seja um acordo. Nesse caso você diz o que quer e propõe uma troca. Geralmente alguma coisa útil ou necessária para o trabalho da Loja Branca. O que tem funcionado muito bem é oferecer uma quantidade de horas de serviço no Templo ou, o que é mais comum quando se deseja algo com retorno financeiro, a doação de um percentual do que você ganhar por um ano. Vários magos gnósticos têm utilizado esse caminho com sucesso para conseguir emprego ou passar em concursos públicos. Mas já vi acordos oferecendo uma quantidade pré-definida de horas de serviço serem aceitos também. Esse serviço pode ser dar aulas, palestras, atuar em rituais, conduzir práticas de grupo e coisas desse tipo. Se você já faz algum tipo de trabalho assim isso pode pesar como moeda de troca. Veja que esta carta é uma espécie de contrato.

Depois de escrever a carta ela deve ser consagrada de alguma forma. Para isso você pode perfumá-la passando a carta sobre a fumaça do incenso. Ou pode consagrá-la diretamente com o Óleo de Salomão ou o Óleo de Abramelin. Ou fazer isso de alguma outra forma.

Depois você queima a carta. É interessante recitar algum mantra relacionado ao pedido enquanto ela queima.

Outra forma de contatar a Lei Divina é através da Runa Nyd ou Runa Not como chamam os gnósticos. Depois de preparado o ambiente e invocado o Ser Interior você faz uma evocação à Anúbis ou aos Mestres da Lei Divina e expõe o pedido ou o acordo. Depois sela esse acordo fazendo a postura da Runa Not estendendo os braços para os lados e movendo-os como se fossem as duas hastes de uma balança enquanto vocaliza os mantras da runa.

Na prática desta runa como proposta por Samael é indicado que se trace um hexagrama no chão e que o mago permaneça dentro dele enquanto faz a postura e os mantras. Isso certamente vai agregar ao ritual, mas a prática tem mostrado que este hexagrama não é imprescindível.

É muito comum unir essas duas técnicas escrevendo a carta e, enquanto ela queima, fazendo a Runa Not. Esse caminho é bem mais interessante e potencializa esse tipo de operação mágica.

Mas existem várias outras técnicas mágicas que você pode utilizar para fazer acordos com a Lei Divina. Se voltarmos nossa atenção para a magia evocatória as possibilidades se expandem bastante. Mesmo rituais evocatórios mais simples como a evocação de Zacariel utilizando o quadrado planetário de Júpiter tem apresentado excelentes resultados. Além de várias outras técnicas que podem ser agregadas e combinadas para a realização de um ritual bem mais complexo.

No gnosticismo samaelita o deus comumente associado a questões da Lei Divina é Anúbis. Isso pode causar alguma confusão. Quem tem algum conhecimento da mitologia egípcia sabe que Anúbis é o deus dos mortos e que o deus relacionado a justiça e a lei é Osíris. Mas enquanto Osíris preside o julgamento no Salão de Maat o deus Anúbis atua como seu representante, como se procurador, e podemos pensar neste deus como uma espécie de promotor da alma cujo coração está sendo pesado. Então o deus Anúbis pode ser encarado como um deus da justiça por procuração já que representa o próprio Osíris em várias situações. Além disso é Anúbis que vem buscar a alma do morto para que ela cruze os quarenta e dois portões do Duat. Então ele pode ser visto como o aspecto da lei que vem até nós e que está mais acessível ao contato e negociação enquanto Osíris é o juiz de fato presidindo os trabalhos no salão da justiça divina. Esta é a perspectiva mantida pelos gnósticos samaelitas que prezam pela simplicidade. Certamente o mago que tenha maior conhecimento da mitologia e da magia cerimonial poderá utilizar relações mais precisas em sua prática mágica trabalhando com o deus Osíris para questões legais ou até mesmo alguma outra divindade mais adequada ao propósito específico da operação. Depende do grau de cultura e de conhecimento de cada um.

O acordo com a lei é só um exemplo do que pode ser feito com a magia gnóstica. Você pode querer realizar um ritual mágico para muitas outras finalidades. Isso é você quem decide.

Um passo opcional no ritual de magia nessa perspectiva

gnóstica samaelita é a prática da Unção Gnóstica ou a consagração do pão e do vinho. Eu acho bem interessante realiza-la já que a magia que nós praticamos como gnósticos está em contato com a emanação solar ou o princípio crístico universal. Então antes de terminar o ritual você pode consagrar o pão e o vinho e consumir a unção gnóstica da mesma forma como isso é feito nos templos gnósticos. Lembre-se de que não é necessário ser um sacerdote ou uma sacerdotisa consagrada para fazer isso e que consagrar a unção é uma prática que pode ser realizada tanto por homens quanto por mulheres. Samael deixou claro que a própria Missa Gnóstica poderia ser celebrada por uma mulher como oficiante. Como eu estou conectado a uma linha de prática gnóstica mais antiga, voltada aos gnósticos dos primeiros tempos, sou defensor da participação igualitária da mulher nos atos ritualísticos e sacramentais. Mas é um costume dos grupos modernos deixar esse ofício para os homens. O gnosticismo samaelita é notadamente machista. Então não espere grande abertura dentro dos templos gnósticos nesse sentido. Mas ninguém pode dizer como você deve conduzir suas práticas pessoais em sua própria casa.

Indo um pouco mais além você pode unir a prática da Missa Gnóstica ao seu ritual mágico. Essa é uma abordagem bem mais próxima da magia medieval em que alguns grimórios recomendavam que a magia fosse realizada depois do mago participar da missa. A Missa Gnóstica é um ritual de magia. Então você pode realiza-la por completo e fazer o ritual mágico em seguida. Assim você aproveita tudo o que foi movimentado e produzido durante a Missa Gnóstica para a prática da magia. Esse é um caminho muito recomendado.

Depois de terminar um ritual mágico gnóstico o mago agradece a todos que invocou ou contatou desde o seu Ser Interior até os elementais, anjos, deuses e seres que foram citados. Ele traça três vezes o símbolo da Runa Sigel ou Runa Sig como chamam os gnósticos. E o ritual é encerrado com a Estrela Microcósmica.

Dependendo do objetivo que você deseja alcançar você terá que realizar o ritual mágico várias vezes até conseguir reunir a força necessária para que ele se concretize.

Essas são as linhas gerais de como os gnósticos samaelitas praticam a magia. A magia gnóstica é bem simples se comparada a outros sistemas. E por isso ela exige muito mais preparo do mago para que realmente funcione. Tenha em mente que a magia gnóstica não está separada do todo que é o próprio gnosticismo. Sua simplicidade parte da ideia de que você está estudando e praticando todas as outras áreas do gnosticismo. Assim uma coisa completa a outra, formando um todo único. É assim com qualquer sistema de magia. Sempre existe todo um trabalho que deve ser realizado em paralelo para preparar o mago para que seus rituais funcionem.

Seja como for experimente. Teste as técnicas e pratique os rituais. O importante é ter espírito investigador e se pautar sempre na eficácia. Seja exigente nisso. Se uma coisa não dá resultado então ela não serve para nada. Por isso ter um propósito bem definido é de extrema importância. E fazer uma análise crítica depois para verificar se houve sucesso ou não na operação mágica também é. Magia é uma tecnologia metafísica que deve ser aprimorada constantemente com estudos e prática. No fim o sucesso e o fracasso serão os parâmetros do que é verdadeiro e do que não é.

Auto-conhecimento

Dizem que a vida é a melhor escola. Mas então eu pergunto: porque as pessoas vivem décadas e conhecem tão pouco sobre a própria vida e a natureza que as cerca? Creio que a idéia de que a vida seja uma grande escola contém, em si, uma verdade, mas que não é compreendida pela grande maioria das pessoas.

O ser humano enquanto essência divina adentra a isso que chamamos mundo material e a vida como a conhecemos com um único e simples propósito: conhecimento. Através do homem a divindade da qual ele emanou pode vir a conhecer-se e este é o processo que sustenta o sistema no qual a vida humana se insere. O problema é que o conhecimento não surge de forma passiva, mas depende de uma ação de observação e investigação. Para adquirir o conhecimento de algo há que se lançar ao seu estudo. De certa forma o ser humano é compelido naturalmente a este processo por sua própria natureza e propósito. O problema é que o impulso investigativo, assim como o impulso criativo herdado pelo homem da divindade que manifesta, tende a se manifestar somente a partir dele para a natureza que o cerca. O ser humano investiga, interage e altera a natureza ao seu redor desde os tempos mais remotos e podemos dizer através desta observação que esta é para ele uma tenência natural. Mas a essência divina existente no interior de cada ser humano e que lhe confere vida e inteligência precisa conhecer a si mesma e sua própria condição antes dos fenômenos naturais que a cercam. O processo de conhecimento deveria ser, antes de tudo, um processo de auto-conhecimento pois como pode o homem conhecer qualquer elemento que o cerca se desconhece a si mesmo? Como pode ele aplicar um instrumento para a investigação de algo se desconhece completamente a origem, a constituição, as capacidades, as funções e as aplicações de tal instrumento? Como pode o homem estar mais preocupado com o que se passa fora do que com o que se passa dentro dele mesmo? A vida é uma grande professora, mas o ser humano é um péssimo aluno.

Se queremos realmente aprender alguma coisa sobre a vida

devemos começar o quanto antes a estudar isso que é vida. E a melhor maneira de fazê-lo é tomar como laboratório a única forma de expressão de vida que temos contato direto: nós mesmos. Antes de mais nada devemos conhecer a nós mesmos. Saber apreciar o som de nossa voz, a nossa forma física, nossa personalidade e os elementos mais básicos que nos caracterizam ante os outros indivíduos. Familiarizados com nossos aspectos mais básicos devemos conhecer nosso universo interior, devemos explorá-lo, observá-lo e saber como ele se organiza. Saber o que pensamos e o que sentimos é um passo fundamental para o auto-conhecimento. A partir deste reconhecimento básico podemos nos lançar a uma investigação dos elementos mais profundos que carregamos dentro de nós mesmos. Só depois de adquirirmos algum conhecimento de nosso instrumento de manifestação neste mundo físico, isto é, de nosso corpo e de nossa psiquê, é que poderemos realizar qualquer investigação sobre a natureza exterior que produza alguma conclusão mais concreta. Afinal qualquer investigação do mundo exterior estará profundamente relacionada aos processos do mundo interior. Não há como separar de forma concreta o que é observado dos fatores que influem sobre o observador pois estes fatores são determinantes para todo o processo de observação.

Mas o universo interior é tão vasto quanto o que nos cerca. Lançar-se temerariamente às profundezas de nossa mente buscando compreendê-la talvez não seja a abordagem mais inteligente. Não que ela não ofereça seus frutos. A questão é que nós somos imediatistas e normalmente não possuímos a virtude da paciência e do labor suficientemente desenvolvidas para empreender um processo de exploração com o devido método e lentidão capazes de gerar uma compreensão progressiva e completa deste novo mundo que estamos investigando. Normalmente esperamos algum resultado concreto já na primeira observação que fazemos de nossa mente e se estes resultados não se apresentam descemos mais fundo nas escadarias de nossa psiquê buscando o entendimento imediato de todo este universo que levou muitos e muitos anos para ser construído. E muita coisa se esconde nesses ambientes inexplorados que realmente não estamos preparados ou dispostos a ver. Os piores horrores que podemos encontrar não estão fora, mas sim dentro de nós mesmos ocultos por camadas e camadas de auto-engano e de uma espécie de amnésia seletiva que nos protege das terríveis verdades sobre o que de fato somos. Basta lembrar que todos nós carregamos o potencial de tudo o que existe em nossa sociedade. Claro que nossa própria psiquê possui mecanismos que nos impedem de contatarmos profundamente nossos traumas e características mais obscuras tornando o cenário como o estamos pintando algo improvável. Mas, de qualquer forma, melhor seguirmos caminhos mais responsáveis e inteligentes nestas jornadas rumo ao nosso universo interior pois qualquer excesso constituiria um grande atraso em todo o nosso estudo e, ao meu ver, não temos tempo a perder com obstáculos desnecessários já que podemos seguir por caminhos seguros e mais produtivos.

Em um primeiro momento devemos identificar nossos traços fortes e nossos traços mais frágeis. Obviamente os traços fortes nos apontarão o ponto de partida para qualquer empreitada pois eles demonstram nossas capacidades mais desenvolvidas. Mas jamais devemos negligenciar nossos traços mais frágeis. Devemos, sim, trabalhar para desenvolver estes aspectos, mas devemos também evitar qualquer visão romântica acerca de nós mesmos e contar com a interferência destes traços frágeis até que tenhamos trabalhado sobre eles.

Explore, observe, investigue a si mesmo. Conheça seu universo interior. Observe todas as características que povoam todos os mundos de sua psiquê e avalie as interferências de cada uma delas na maneira com que você interage com o mundo que o cerca. Assim você estará começando a conhecer o principal instrumento para a investigação da vida e da natureza, o templo onde se processam todas as iniciações em nosso tempo e o campo principal de contato com todas as forças ocultas da natureza: o seu universo interior. Conhecendo-o você poderá conhecer a si mesmo e, a partir daí, aos outros seres humanos e o mundo que o cerca. Conhecer o que está ao seu redor é fácil. Mas conhecer o que se passa dentro de você é um grande desafio.

Neofilia, pragmatismo e simplicidade

Existem três qualidades que julgo fundamentais em todo estudante dos mistérios da natureza: neofilia, pragmatismo e simplicidade.

Devemos estar sempre abertos ao novo, não nos apegando a tradições, mas sim mantendo-nos abertos para idéias novas que possam contribuir com nosso crescimento interior e com o despertar de nossa consciência.

Devemos sempre nos fixar nos frutos, nos resultados reais obtidos através de uma proposta e não nas promessas ou nas expectativas levantadas por ela. Se uma técnica não dá resultados palpáveis ela não nos serve, por mais bonita e tradicional que ela seja. Na investigação dos mistérios da natureza a crença não é suficiente. Há que se experimentar e produzir resultados.

E há que se fazer tudo isso com leveza, com diversão, com serenidade e com simplicidade.

Apeguemo-nos às idéias e não às pessoas. Tornemo-nos práticos e teóricos em igual medida. Vamos estudar, vamos discutir e, acima de tudo, vamos fazer. Cada um em seu caminho, sempre em movimento, aproveitando tudo o que nos é oferecido para nosso crescimento e aprendizado, com decisão, desprendimento e simplicidade.

Lembrem-se sempre que o caminho dos mistérios não é um caminho de restrição, mas sim um caminho de libertação e de despertar.

Resultados concretos

Que benefícios eu espero da religião ou filosofia que sigo? O que espero obter com cada prática de meditação que realizo? Quais efeitos espero verificar em cada prática bioenergética?...

Todo filósofo que segue o caminho esotérico faz, durante o dia, várias práticas e exercícios propostos pelo sistema que adotou como base. Mas o conforto e a confiança depositada nesse sistema normalmente levam o estudante a perder o senso crítico quanto a tudo o que se refere ao caminho místico que escolheu. Todos os elementos mundanos são avaliados e criticados, mas a sua sagrada e infalível religião permanece sempre longe de qualquer análise.

E assim meditamos, fazemos exercícios respiratórios, posturas bioenergéticas, visualizações e até mesmo rituais mágicos sem nunca fazer a fatídica pergunta: o que eu quero obter com isso?

Os ingênuos e auto-iludidos podem até mesmo achar que fazer esta pergunta é algo ofensivo e contrário à fidelidade que devem à sua doutrina. Afinal devemos depositar toda a nossa confiança em nosso guru, em nossa religião, em nossa filosofia mística, ou seja qual for o salvador em que nos agarramos, não é mesmo?

Mas se não sabemos o que queremos como podemos esperar obter qualquer resultado concreto com qualquer coisa que fazemos? Ou alguém acha sensato esperar que através de práticas e disciplinas desprovidas de qualquer propósito consciente poderemos chegar a algum lugar? Bem, certamente chegaremos a algum lugar, mas é muito provável que este não seja aquele que gostaríamos. Também é muito provável que este lugar seja o nosso mesmo ponto de partida quando percebemos que passamos muito tempo andando em círculos. Afinal, para quem não quer nada qualquer resultado é satisfatório...

Mas para aqueles que não estão brincando com suas almas e que possuem alguma sinceridade em sua busca espiritual é essencial que cada um de seus atos seja um ato consciente. Isso implica em ter plena clareza do propósito de cada ação, ou seja, manter sempre em mente o que se espera obter de toda e qualquer ação empreendida.

Para que nossas técnicas esotéricas sejam eficazes precisamos não apenas ter sempre em mente o que estamos buscando a cada prática, mas também avaliar sempre se a prática que estamos realizando está surtindo o efeito necessário. Dentro das ciências ocultas toda e qualquer prática deve gerar um efeito por mais inexperiente que seja o operador. Obviamente grandes efeitos estarão acessíveis apenas aos filósofos mais experientes, mas nenhuma prática esotérica deve produzir um efeito nulo. E quando digo efeito estou falando de algo concreto e real na direção do objetivo traçado para a prática. Efeitos que não tenham qualquer relação com o objetivo buscado são desconsiderados.

Determinar um propósito para uma ação e obter os resultados esperados é uma prova de que nossa vontade foi realizada. E como bem sabem os estudantes esotéricos nossa vontade é a expressão pura de nossa essência divina. Assim a expressão de nossa vontade constitui a verdadeira expressão divina. Aqui temos a realização da determinação do antigo rabino que proclamou: "Pai, seja feita a vossa vontade!".

Para fazer valer nossa vontade devemos ter propósito claro e, para isso, devemos estar sempre conscientes de tudo o que fazemos. Isso inclui a prática em nossa própria corrente religiosa ou filosófica.

Então seja crítico e avalie muito bem todos os seus atos. Principalmente aqueles que fazem parte de sua religião ou corrente filosófica. Verifique sempre seus objetivos e os resultados que você está obtendo com estas práticas. Ser fiel à sua corrente filosófica é fazer com que ela gere os frutos que foi projetada para gerar. Como dizem as palavras do ritual: "Fazei a vossa vontade! Essa é a única lei!".

Homens e ideias

Quando nos deparamos com a crítica a algum autor ou professor esotérico normalmente identificamos dois grandes erros muito comuns entre os estudantes do ocultismo.

O primeiro erro é a idéia pré-concebida sem qualquer conhecimento concreto. São, realmente, muitos os que tecem críticas fortíssimas à determinados autores, classificando-os com termos dos mais depreciativos, condenando sua obra, sua vida, sem ter sequer lido uma linha do que foi escrito por estes. Difamam, proliferam boatos e mitos, condenam sem sequer saber o que estão condenando ou criticando. Baseiam-se na opinião de outros, nas histórias que ouviram e no que é "sabido por todos". Esses que criticam sem conhecer são ou fanáticos cegos que só admitem os dogmas de sua corrente esotérica ou grandes preguiçosos que não se dão nem ao trabalho de conhecer com alguma profundidade a obra que tanto odeiam. E assim se perpetuam os boatos, o preconceito e a ignorância.

O segundo erro é a incapacidade de se separar a vida pessoal da obra legada por um determinado autor. Afinal, uma pessoa tão desvirtuada em sua vida não poderia produzir nada de bom em qualquer área... E assim, lendo breves biografias tendenciosas ou ouvindo "histórias" sobre o dito sujeito lança-se ao fogo anos de pesquisa, descoberta, insight, idéias, informações de extrema utilidade que sequer são vistas por terem sido registradas pela pena empunhada por uma mão profanadora e maléfica. A vida pessoal e a obra se confundem. Os estudantes que agem assim são incapazes de perceber que das fontes mais obscuras pode brotar a luz. Não percebem que mesmo as pessoas mais condenáveis podem ter excelentes insights. Não conseguem separar a pessoa da idéia. E os maiores alvos de crítica não fazem parte do vulgo. São pessoas que dedicaram suas vidas à busca da verdade e à exploração dos mistérios da natureza. Se das pessoas mais comuns podemos extrair grandes lições para nossas vidas então é certo que podemos esperar grandes insights de indivíduos que se consagraram ao estudo do ocultismo, sejam eles morais ou imorais, bondosos ou egoístas, anjos ou homens. A vida pessoal é uma coisa e as idéias registradas são outra.

Se fizermos uma pesquisa criteriosa perceberemos que muitas das histórias "estranhas" que são contadas sobre os professores esotéricos não passam de mentiras e boatos lançados por seus detratores. Se realmente queremos aprender alguma coisa nesta nossa passagem pelo mundo físico devemos aprender a formar nossas próprias opiniões verificando as informações que recebemos e não aceitando automaticamente tudo o que nos é oferecido. Devemos ter um mínimo senso crítico.

Mesmo sem verificar a veracidade dos boatos devemos aprender a nos apegar à idéia e não à pessoa. Pessoas são falhas. Idéias não. Uma idéia não é uma verdade, um dogma, uma premissa incontestável. Ela é apenas uma idéia, uma proposta, uma perspectiva possível da realidade. Por mais que ela seja verdadeira e por mais que o seu professor seja perfeito, inefável, ela pode não ser adequada ao nosso caminho individual. Cada um de nós, estudantes dos mistérios da natureza, trilha uma senda solitária, pessoal, individual. As idéias professadas por outros, sejam eles quem forem, foram muito boas para eles e produziram resultados em seus processos. Mas devemos sempre lembrar que o processo interior, a senda pessoal, de um mestre ou professor, por mais iluminado que este seja, não é a nossa senda particular.

Seguir uma idéia professada por outro é um erro. Devemos seguir nossa própria senda e não a de um mestre. Mas esses professores são estudantes que obtiveram, em sua caminhada, os resultados almejados e sua obra aponta o caminho para os que ainda estão buscando sua própria realização. São boas orientações, boas referências, bons mapas para a nossa caminhada individual. Mas não são o caminho. A obra destes professores é como faróis que servem de parâmetro para a nossa jornada. Mas nós teremos que desbravar o mar da verdade por nós mesmos.

A atitude mais sensata para qualquer buscador da verdade, ao meu ver, é apegar-se às idéias e não às pessoas. Se um determinado indivíduo diz ser "A Besta 666" ou se outro afirma ser "Avatar da Era de Aquário" devo me perguntar: em que isso me torna uma pessoa melhor? Em que isso afeta o meu desenvolvimento interior? Por que ao final de nossa jornada é apenas isso o que importa: nossas conquistas pessoais. Como já disse um antigo mestre: "uma árvore se julga pelos seus frutos". Então, ao final de nossa existência neste plano, de nada importarão os livros que lemos, os autores com quem nos simpatizamos, os mestres que seguimos ou as correntes que defendemos. Ao final da jornada restará apenas o que conquistamos, o que produzimos, o que construímos, em suma, o que nos tornamos. Quando a época da colheita chegar qualquer sucesso ou fracasso será medido pelos frutos.

Nosso sol central

Todo homem é uma estrela... a partir dessa ideia podemos nos lançar em uma reflexão em uma analogia entre o homem e o nosso sistema solar. O sol emite sua luz própria enquanto os planetas não. Assim podemos comparar o sol como o homem que é fonte que irradia sua própria essência divina enquanto os planetas representam todos os elementos que orbitam ao redor do homem sem luz própria referindo-se ao próprio ambiente material que ele vive.

Mas o próprio sol não é o centro de tudo. Ele gira ao redor de um sol muito maior. O centro de nossa galáxia. E existe aí uma grande lição. Nós devemos ser sempre fiéis à nossa própria luz e fazer com que toda a matéria gire ao nosso redor. Não devemos nos submeter a qualquer elemento externo já que nós mesmos somos o sol de nossa existência. Mas devemos sempre ter em mente que mesmo sendo um sol nós giramos ao redor de um sol maior e dele recebemos nossa luz. Esse sol maior é nosso Espírito. É Ain Soph. É Deus em seu sentido mais profundo.

Um sol expressa sua luz como sinal de sua fidelidade ao sol maior ao redor do qual orbita. De outra forma ele estaria saindo de sua própria órbita. Esta é a essência do cristocentrismo.

Nós somos o centro de nosso sistema solar e tudo deve orbitar ao nosso redor já que nós mesmos orbitamos ao redor de um sol ainda maior. Este pensamento é o mesmo compromisso dos neófitos da Ordem Hermética da Aurora Dourada que se comprometiam sob juramento a jamais se prostrar ante qualquer pessoa ou espírito devendo reportar-se apenas à Adonai. Lembremo-nos também que segundo a mitologia cristã e islâmica deus criou o homem para reinar sobre a criação e sobre os próprios anjos. Quando ele expressa sua autoridade divina provinda não dele próprio, mas da divindade a quem ele serve, seu sol central, o homem pode comandar tudo o que existe. Tudo deve girar ao seu redor.

E quando duas estrelas entram em conflito? Nesse caso pelo menos uma delas está obviamente fora de sua órbita.

Notas sobre a história recente do gnosticismo

A história do gnosticismo samaelita forma uma linha contínua desde os primeiros gnósticos anteriores ao surgimento do cristianismo até os adeptos dos dias atuais. Mas essa história é pouco conhecida entre os membros da corrente samaelita.

É curioso notar que dentre todos os períodos históricos do gnosticismo samaelita o mais desconhecido para os estudantes desta corrente seja justamente o período mais recente. A seguir registro alguns acontecimentos desta fase da história gnóstica que podem servir de base de pesquisa para os estudantes interessados em conhecer um pouco mais sua herança cultural.

O gnosticismo moderno tem seu início no século XIX com Jules-Benoît Stanislas Doinel du Val-Michel (1842-1903). Jules Doinel investigou os mistérios cátaros e gnósticos mais antigos e fundou em 1890 na França a Igreja Gnóstica. Doinel consagrou vários Bispos e Sophias dentre os quais estavam: Papus [Gérard Encausse] (1865-1916) e Léonce-Eugène Joseph Fabre des Essarts (1848-1917) que sucedeu Doinel como patriarca da Igreja Gnóstica.

Fabre des Essarts consagrou Jean Bricaud (1881-1934) em 1901 que se tornou patriarca da Igreja Gnóstica Universal. Essa linha da Igreja Gnóstica acabou por assimilar as outras linhas nascidas de cismas e divergências.

Durante a Conferência Internacional Massônica e Espiritualista organizada por Papus em 1908 Merlin Peregrinus [Theodor Reuss] (1855-1923) recebeu autoridade episcopal na Igreja Gnóstica. Assim surgiu a Eclésia Gnóstica Católica levada para a Alemanha por Merlin Peregrinus e posteriormente assimilada pela Ordo Templi Orientis quando esta estava sob orientação de To Mega Therion [Aleister Crowley] (1875-1947).

A Igreja Gnóstica Universal de Bricaud desenvolveu estreitos laços com o Martinismo de Papus já que tanto Brucaud quanto Doinel eram martinistas. Em 1918 Bricaud tornou-se o mestre da Ordem Martinista e do Rito de Mênphis e Mizraim da Maçonaria. Uma disputa pela liderança do Martinismo entre Jean Bricaud e Victor Blanchard dividiu a ordem. Blanchard era ex-secretário de Papus e havia sido consagrado por Bricaud na Igreja Gnóstica em 1918. Da linha de Blanchard descende a Antiga e Mística Ordem Rosa Cruz de Harwey Spencer Lewis.

Após sua morte Bricaud foi sucedido por Constant Chevillon como patriarca da Igreja Gnóstica Universal e mestre da Ordem Martinista. Chevillon havia sido consagrado na Igreja Gnóstica em 1936.

Constant Chevillon consagrou Huiracocha [Arnold Krumm-Heller] (1876-1949) como bispo da Igreja Gnóstica Universal em 1939. Durante a Segunda Guerra Mundial a Igreja Gnóstica Universal foi dissolvida e em 1944 Constant Chevillon foi assassinado.

Além de bispo da Igreja Gnóstica Universal Huiracocha foi comendador da Ordo Templi Orientis para as Américas tendo autoridade na Eclésia Gnóstica Católica. Huiracocha havia sido discípulo de Merlin Peregrinus e To Mega Therion. No México Huiracocha fundou e presidiu a Fraternitas Rosicruciana Antiqua e agregada a esta a Igreja Gnóstica.

Na década de 30 um discípulo de Huiracocha chamado Israel Rojas Romero deu instruções na Fraternidade Rosicruciana Antiqua da Colômbia a Samael Aun Weor [Vitor Manuel Gomez Rodriguez] (1917-1977) e a Gargha Kuichines [Julio Medina Vaiscano].

Em 1950 Samael Aun Weor publica seu primeiro livro, O Matrimônio Perfeito ou A Porta de Entrada para a Iniciação, que foi reescrito e publicado novamente em 1961. Samael Aun Weor e Gargha Kuichines estabeleceram um pequeno templo na Serra Nevada de Santa Marta na Colômbia onde celebraram a Missa Gnóstica e, provavelmente, outros rituais provenientes da Fraternitas Rosicruciana Antiqua.

Na década de 60 foi criado no México o Movimento Gnóstico Cristão Universal e a Igreja Gnóstica Cristã Universal sob a direção de Samael Aun Weor e Gargha Kuichines.

Em 1968 foi publicada a primeira edição do Livro de Liturgia escrito por Samael Aun Weor para uso restrito aos membros da Segunda e Terceira Câmara da Igreja Gnóstica Cristã Universal. Uma segunda edição foi publicada em 1975 e uma terceira edição em 1976.

Com a morte de Samael Aun Weor seus discípulos entraram em desacordo e as atividades das instituições fundadas por ele se encerraram em 1978. O fim das atividades do Movimento Gnóstico Cristão Universal e da Igreja Gnóstica Cristã Universal gerou uma grande quantidade de instituições e escolas baseadas nos livros de Samael Aun Weor e nos rituais do Livro de Liturgia Gnóstica que desenvolveram suas atividades segundo sua própria visão dos conceitos e práticas deixadas pelo autor.

Esta é uma visão geral das origens do gnosticismo samaelita como vemos hoje. Há muitas lacunas a serem preenchidas, ainda mais quando nos aprofundamos em questões específicas, mas o que foi registrado aqui já constitui base suficiente para uma boa pesquisa sobre a história gnóstica da corrente samaelita.

O falso gnosticismo

As pessoas que iniciam seus estudos sobre o gnosticismo da corrente samaelita normalmente tem a falsa impressão de que todo grupo ou instituição que diz ser "gnóstica" realmente o é e que o gnosticismo é um todo único, coeso e harmônico. Isso não é verdade. A grande maioria das instituições e grupos que se dizem gnósticos não o são e suas palestras e cursos pregam algo diametralmente oposto aos preceitos do gnosticismo.

São muitos os que movidos por boa intenção e ignorância criam cursos e palestras sobre gnose, gnosis ou gnosticismo, mas que ensinam preceitos e idéias totalmente contrárias às do gnosticismo original. Contrárias tanto ao gnosticismo antigo quanto ao gnosticismo moderno já que estes são apenas codificações diferentes das mesmas premissas. Estas instituições normalmente utilizam os textos de Samael Aun Weor em interpretações parciais e distorcidas com a finalidade consciente ou não de aprisionar os estudantes em conceitos fantasiosos e totalmente fora da realidade e do bom senso.

É anti-gnóstico, destrutivo e perigoso todo curso, escola ou instituição: que prega o afastamento dos familiares, dos amigos e dos círculos sociais normais do indivíduo; que prega contra o desenvolvimento intelectual e material ou que incita a estagnação e abandono da progressão acadêmica e profissional natural de uma sociedade urbana organizada; que prega ou incita a discriminação e a homofobia; que incute valores elitistas e conceitos de superioridade intelectual e filosófica sobre as demais correntes de pensamento; que incita a obediência cega ou prega contra o senso crítico e coíbe o questionamento de suas propostas; que incita ou promove o culto à personalidade de seus dirigentes ou professores; que incita ou promove a obediência cega ou culto à personalidade de um suposto "mestre", "guru", "avatar" ou autor de livros; que restringe de qualquer forma a liberdade de pensamento, desejo ou ação do individuo sob qualquer pretexto; que trabalhe de qualquer forma pelo aprisionamento da alma humana em dogmas, idéias, conceitos ou padrões pré-determinados; que despreze o respeito e a cordialidade; que promova ações ilegais segundo a legislação vigente no país.

Qualquer palestra, curso, escola ou instituição que incuta em algum destes itens mencionados acima em nada tem haver com o gnosticismo samaelita e constitui um verdadeiro crime contra a consciência e o espírito humano quando não à própria constituição de nosso país. Infelizmente, em nossos dias, são inúmeras as escolas filosóficas ou "gnósticas" que cometem um ou mais destes crimes.

Meu conselho a todos os que se interessam pelo gnosticismo samaelita atualmente, dado este grande número de instituições nocivas ditas "gnósticas", é que estudem diretamente pelos livros relacionados ao tema. Estudem os vários livros que falam sobre a história e o paradigma gnóstico de autores qualificados como Elaine Pagels e Stephan Hoeller e os textos fundamentais do gnosticismo moderno escritos por Samael Aun Weor. Depois de ler bastante e ter uma boa base conceitual da proposta gnóstica o estudante deve passar à prática experimentando algumas coisas e vendo como uma ou outra técnica funciona. A maioria das técnicas não funcionam exatamente como estão escritas e cada estudante deve experimentar cada uma delas diretamente para encontrar sua forma particular de aplicação para que elas tenham o efeito desejado. Em tudo isso é fundamental ter sempre em mente que tudo o que é lido e praticado deve funcionar. Nunca siga algo que não funciona e que não gera resultados concretos, reais e mensuráveis. Isso é um grande erro.

Só depois de concluído esse processo de estudo particular, já com um bom conhecimento sobre o que é o gnosticismo, o estudante poderá assistir alguma palestra ou participar de alguma instituição com alguma condição de perceber se está sendo enganado ou manipulado por seus professores e se estes estão verdadeiramente trabalhando dentro das premissas e propósitos do gnosticismo samaelita.

Não se iluda. A grande maioria dos professores espirituais de hoje não faz a menor idéia do que está falando em suas aulas. Eles lêem algumas páginas de um livro, vão para a frente do público e simplesmente repetem o que leram como se soubessem do que estão falando. E um mau professor pode ser muito prejudicial ao estudante. Um professor verdadeiro é cada vez mais raro. Ainda mais dentro das instituições gnósticas.

Mesmo quando se tem o privilégio de estudar com um bom

professor é importante perceber de forma clara até onde ele poderá ajudar em seu processo espiritual e o que você deve aprender sozinho por suas próprias investigações e experiências. O caminho individual e a experimentação particular são pedras fundamentais que sustentam o gnosticismo há mais de dois mil anos.

Tenha senso crítico. Estude e avalie os resultados. E tome muito cuidado com os carismáticos instrutores que pregam em nome de Samael Aun Weor e da "gnose" acreditando que estão fazendo um "sacrifício pela humanidade" enquanto conduzem a si mesmos e todos a sua volta para o profundo abismo da ignorância, da loucura e da decadência.

A obra de Samael Aun Weor contém erros

A obra de Samael Aun Weor contém erros? Claro. Contém muitos erros. Certamente os gnósticos samaelitas mais fanáticos não concordarão comigo neste ponto, mas toda pessoa sensata e com alguma cultura sabe que não existe nenhum autor isento de erros.

Errar é inerente à própria natureza e formação do mundo material onde vivemos. Afinal, segundo a visão gnóstica, a criação é obra de um deus imperfeito, o Demiurgo, e toda a matéria é apenas um mero reflexo da verdadeira realidade.

Todos os livros que temos a nossa disposição possuem erros, equívocos e parcialidades. Mas isso não é motivo para invalidarmos as obras dos grandes professores que passaram por este plancta. Afinal, elas são imperfeitas, mas, dentro de suas limitações, guardam a verdade experimentada por seus autores e delineiam o caminho para alcançarmos a mesma experiência.

Todo estudante que realmente queira algum resultado concreto tem que estudar muito e vivenciar tudo o que estuda para adquirir experiência e aprender a discernir o que é equivoco e o que é verdade nas obras de seus professores esotéricos. As instituições organizadas ou grupos de estudo podem ajudar muito nesse sentido contanto, é claro, que não sejam focos de doutrinação ou de culto à personalidade de um autor espccífico.

Quanto á obra de Samael Aun Weor dcvcmos lembrar que ela não foi escrita quando o autor concluiu o seu processo de revolução consciencial, mas sim durante esse processo. Assim há, realmente, muitos equívocos nos vários livros de Samael Aun Weor que eram, para ele, a verdade que ele podia perceber no momento que vivia e na etapa do caminho que trilhava enquanto escrevia cada obra. Os livros escritos por este autor apresentam uma linha evolutiva de conceitos e práticas que foram sendo desenvolvidos durante toda a sua vida e para aproveitar corretamente estes registros temos que estudá-los de forma adequada.

Antes de mais nada devemos manter sempre um senso crítico e realista sem jamais cair no erro de assumir a confortável posição de opositor ou de seguidor da obra que estamos estudando. É necessário, também, alguma experiência esotérica para discernir com mais clareza os pontos mais obscuros de cada livro. E, dada a forma com que foram registradas as obras, é necessário que todas elas sejam estudadas e entendidas em seu contexto temporal e no conjunto formado com os outros livros do autor.

Durante a leitura de qualquer texto escrito por um professor esotérico devemos sempre buscar identificar em quais dos seguintes pontos pode-se classificar as idéias registradas:

a) idéias pessoais e particulares do autor;

b) costumes e paradigma social e cultural da época e local em que viveu o autor;

c) Gnosis obtida pelo autor;

d) técnicas aplicadas pelo autor que geraram resultados palpáveis para ele.

Tendo isso em mente podemos avaliar se as posturas e indicações mais ligadas à personalidade ou ao paradigma social do autor são válidas para a nossa própria realidade. De qualquer forma o que mais nos interessa são as experiências e a Gnosis obtidas pelo autor e as técnicas que ele aplicou e que apresentaram resultados concretos. Esses dois pontos podem nos ajudar em nossa busca pois são eles que delineiam um caminho possível para se alcançar a mesma iluminação obtida pelo autor.

Se seguirmos por esse caminho veremos que muitos autores dotados de uma retórica magnífica são de pouca utilidade para os que buscam resultados reais e concretos. Já outros autores se mostrarão bastante úteis como ferramentas e parâmetros na busca de nossa própria revolução consciencial.

No final das contas não é uma questão de acreditar ou não no que está escrito. É uma questão de estudar, conhecer e verificar de forma crítica e direta a veracidade do que está escrito.

O verdadeiro gnóstico aplica toda a sua crítica a tudo o que lê. Principalmente às obras fundamentais do gnosticismo. Os que não fazem essa crítica não são verdadeiramente gnósticos e estão apenas se iludindo frequentando associações e escolas para se sentirem bem e seguros por seguir uma religião de cunho esotérico. Mas no final esses não obterão qualquer benefício do gnosticismo.

E para aqueles que temem que a obra de seu guru seja denegrida pela crítica materialista ou pelo frio racionalismo só tenho a dizer que se a simples crítica racional é capaz de derrubar os conceitos de um mestre então este certamente não era legítimo.

A obra de Samael Aun Weor ou de qualquer verdadeiro professor gnóstico não é perfeita e não precisa de defensores. Ela é o que é e se prova por si mesma.

O valor de uma obra esotérica não está nela em si, mas no proveito que os estudantes podem tirar dela para o seu próprio crescimento.

Consciência é algo simples

Consciência é uma palavra que vem sendo tratada pelos gnósticos modernos de uma maneira desnecessariamente complexa. Consciência é isso que a própria palavra sugere. É estar ciente. Não há a necessidade de recorrer à teologia ou à filosofia para entendê-la.

Tudo aquilo que aprendemos ou que percebemos realmente é uma mostra de consciência. A própria percepção de nós mesmos e do mundo que nos cerca é uma mostra de consciência. Claro que esse conceito pode ser levado à vários níveis de observação e entendimento, mas todo aprofundamento conceitual vem com a prática, a vivência e a reflexão sobre os aspectos mais simples. Não se pode alcançar níveis de compreensão mais profundos de outra forma.

Buscar sempre ter consciência de tudo o que fazemos é um ponto crucial. Afinal a consciência é a própria expressão do aspecto divino do homem e exercitando-a estaremos exercitando nossa própria divindade.

Escolas são jaulas

Segundo Samael Aun Weor "as escolas são jaulas onde a mente cai prisioneira". Então porque toda corrente esotérica incluindo o próprio gnosticismo desenvolve sua própria escola ou instituição de trabalho? Seriam as escolas esotéricas instrumentos úteis ou grandes armadilhas para o desenvolvimento da consciência?

No início de nossa jornada as escolas esotéricas podem ser instrumentos de grande utilidade para a consciência que carece de cultura ou de "saber". Toda jornada prática exige muita base teórica para que seja empreendida com eficácia. Além disso a escola oferece um ambiente propício para testes, para experimentos, onde podemos ousar sem correr grandes riscos já que estamos sendo assessorados por professores mais experientes e por um grupo que nos dá suporte.

Mas quando a escola perde esse caráter de instrumento de apoio, quando ela se torna o propósito de nossa dedicação, então ela se converte em uma jaula, em um falso ídolo.

Todo esforço, toda energia, todo trabalho empreendido pelo estudante deve ser direcionado para ele mesmo, para o desenvolvimento de suas próprias capacidades, para o despertar de sua própria consciência. Até mesmo o trabalho voluntário em uma escola de mistérios deve ser abraçado quando for útil para o seu próprio desenvolvimento interior.

Quando fazemos qualquer coisa que não tenha ligação direta com nosso próprio desenvolvimento então nos desviamos de nosso Deus Interior e nos voltamos para o mundo material. É nesse sentido que os antigos gnósticos consideravam a matéria de natureza má pois ela desvia os olhares dos Puros de seu verdadeiro foco: o Ser. E nesse sentido as escolas podem se tornar (e tem se tornado...) grandes adormecedores para a consciência, grandes jaulas para os Espíritos Livres, grandes instrumentos do Demiurgo para manter o status quo egóico...

Servir ao seu Deus Interior é não servir a mais ninguém... nem a escola alguma...

Modelo poliédrico da verdade

Quando observamos um cubo de faces coloridas vemos apenas poucas de suas faces ou até, dependendo da posição que tomamos em relação a ele, somente uma delas. A menos que possamos tocar e manipular este cubo multicolorido não poderemos tomar consciência de todas as cores que ele possui ou conhecer o objeto como um todo. Nós o conheceremos apenas em parte. Poderíamos comparar este cubo multicolorido à própria Verdade.

Fazendo a analogia com a Verdade, os buscadores inexperientes podem contemplar apenas uma de suas faces e, tomando-a como a única expressão possível, costumam rejeitar prontamente qualquer outra face do mesmo cubo que lhe seja apresentada.

Os buscadores mais treinados, tomando uma posição mais favorável ante o objeto observado, podem conhecer outras faces do cubo e até mesmo entender como elas se relacionam. Estes percebem que há mais de uma perspectiva possível para a expressão da Verdade no mundo físico. Sua visão mais ampla permite que eles compreendam melhor cada uma das faces pois estudam também suas relações com as outras faces e sabem que elas são apenas uma expressão de um todo maior. Mas sua visão ainda não permite que eles conheçam o objeto como um todo.

Como nos ensinaram os antigos professores o homem vê em parte. Ele não possui a visão do Todo. Somente quando puder ver o Todo face a face ele poderá contemplar a Verdade isento de perspectivas ou pontos de vista. Esta é a conquista da verdadeira Gnosis.

Mas mesmo não havendo essas limitações inerentes ao ser humano a expressão absoluta da Verdade no mundo físico seria impossível. A Verdade, ao expressar-se em nossa esfera de existência, reveste-se necessariamente de uma perspectiva. A visão do Todo é possível somente colocando a consciência em planos mais sutis. Por ser a expressão da Verdade no mundo físico possível apenas em parte os ensinamentos antigos devem ser reafirmados de tempos em tempos pelos mestres da humanidade.

Quanto maior o número de textos que pudermos estudar ao longo da busca, verificando suas relações e divergências, maior será nossa visão do Todo, até que possamos conhecê-lo de forma direta e integral.

Enquanto não transcendemos os próprios limites da matéria devemos aprender a manipular este cubo multicolorido que é a Verdade. Em nosso plano de manifestação a Verdade é poliédrica.

Iluminação

Se observarmos o que os vários professores conscienciais descrevem sobre a iluminação veremos que nenhum deles entra em acordo sobre o que é este estado. È bem claro que cada um tem um conceito diferente de iluminação. Então o que é esse estado chamado Iluminação? Como saber se estamos próximos dele ou mesmo se já o experimentamos?

Como a própria palavra sugere alcançar a iluminação é inundar-se de luz. A luz é o que traz clareza. É a representação máxima para a fonte primordial de tudo. Assim esse estado de estar inundado de luz é o estado em que podemos ver tudo claramente e onde podemos nos unir à origem primordial de toda a existência. Mas o que é essa origem? Deus? Não. Essa é nossa própria origem divina. A origem de nossa própria existência. Nosso Deus Interior. Nosso Real Ser. Unir-se a ele é alcançar nossa própria Luz Interior. Somente nossa própria luz é capaz de nos iluminar. Esse é um processo interno e não um evento externo. Assim um iluminado é aquele que se fundiu com sua verdadeira luz, sua verdadeira essência divina, tornando-se um Ser Integral.

Cada ser divino tem seus próprios propósitos já que tem um caminho distinto no processo evolutivo terrestre e deve cumprir trabalhos específicos em cada existência física segundo o que foi planejado ou determinado para ele. Alcançar a iluminação é alcançar a integração com nossa verdadeira essência quando se pode exercer sua verdadeira função no mundo físico. Não existem duas pessoas com um mesmo caminho enquanto essências divinas então os propósitos e metas que dirigem cada ser são diferentes assim como suas percepções e conceitos formados ante os processos cósmicos. Por isso cada iluminado descreve a iluminação de uma forma diferente e estabelece parâmetros para ela que são divergentes dos apontados por outros iluminados. O conceito de iluminação é diferente para cada um e buscar a clareza e o entendimento do que é a iluminação dentro de nosso próprio processo interior cabe apenas a nós.

Dizer que uma pessoa alcançou ou não a iluminação sempre será um erro pois o que ela entende por iluminação nunca será o que nós entendemos por iluminação. Tudo depende do que queremos para nós mesmos e do que buscamos como meta para nossa existência. Por isso esse processo é chamado Auto-Realização pois trata-se de uma realização individual, íntima, no sentido mais profundo desse conceito.

Se observarmos muitos shihans e lamas considerados iluminados veremos que eles alcançaram um estado de completude consigo mesmos, mas que, muitas vezes, nos parecem conquistas muito simples. Para alguns a iluminação corresponde ao sentimento de completude com a existência que os cerca e há muitos professores em várias correntes místicas que alcançaram este estado e perceberam que conquistaram aquilo que buscavam. Podemos dizer que eles alcançaram a iluminação dentro de seus próprios parâmetros íntimos. As primeiras vezes que senti este estado de completude com o mundo e a natureza já pude perceber que o que eu buscava como meta espiritual estava ainda mais além. Não desmereço essa experiência, mas dentro do que eu busco para mim, dentro da Auto-Realização que persigo, este estado é apenas um estágio que me conduzirá a minha meta. Dentro de meus próprios parâmetros íntimos ter alcançado esse estado não trouxe o que entendo por iluminação apesar de representar um passo importante rumo a essa meta.

Meu conceito particular de iluminação está mais perto da unidade com o todo além da existência, com a integração plena com a não-existência, com o silêncio absoluto ou a imersão e desintegração no Som Universal. Passei por essa experiência uma única vez até agora e ela durou apenas alguns minutos. Mas foi a experiência mais forte da minha vida e mudou toda a minha percepção da natureza, do universo e do próprio caminho de iluminação. Durante a experiência meu corpo quase não resistiu e realmente achei que teria uma parada respiratória ou cardíaca no processo enquanto minha consciência se expandia e se integrava a todo o cosmos tornando-se uma com tudo. Obviamente já tive outras experiências em samadhi, mas esta foi a que determinou meus parâmetros de busca. Observando as descrições de outros buscadores em suas experiências de samadhi pude perceber que muitas delas são bem diferentes da minha própria experiência mostrando processos, percepções e até parâmetros diferentes. Mas os próprios relatos e toda expressão evocada nos locutores quando descreviam suas experiências já eram provas mais que suficientes da veracidade do que narravam. Isso é Iluminação e ela é diferente para cada um.

A iluminação depende do caminho, do método e dos propósitos que cada um traça para si ou que herda de sua própria essência interior. A experiência que marca o objetivo final da jornada para alguns é apenas mais um passo no caminho para outros. Por isso cada um deve buscar a sua própria iluminação e os outros iluminados só poderão ajudar em parte.

Tudo o que foi escrito sobre o assunto refere-se ao processo de outra pessoa e que jamais será adequado integralmente para o nosso processo. Por isso seguir um autor ou professor específico de forma muito estrita é um erro. Também adotar os parâmetros de outros para o nosso próprio processo espiritual é um erro. Todos esses relatos nos inspiram e nos trazem novas idéias para que nós mesmos possamos descortinar nosso próprio caminho espiritual. Os relatos de todos os que alcançaram a iluminação são úteis já que nos apontam como chegar a esse processo de completude. Mas o que é essa completude, o que é essa iluminação, é uma questão que somente nós mesmos podemos responder.

No final a questão é bem simples. Basta olhar para dentro de si mesmo e definir alguns parâmetros para sua jornada. O que você quer para si mesmo? O que você busca? O que te realiza em todos os sentidos? O que você considera sintomas disso que é a iluminação? Certamente os parâmetros que você listar buscando responder a essas perguntas serão apenas seus e nenhum outro professor consciencial compartilhará integralmente da sua visão já que o processo dele é diferente. Isso pode ser aterrorizante já que a responsabilidade pela realização espiritual cabe a cada um e não pode ser transferida para um mestre ou um livro sagrado. Mas os que não estiverem dispostos a assumir a responsabilidade por si mesmos jamais alcançaram a iluminação pois estarão seguindo os anseios espirituais de outros e não os seus próprios anseios.

Como escolher seu primeiro tarô

Você pode iniciar o estudo do tarô sem ainda possuir um conjunto de cartas. Se esse for um assunto totalmente desconhecido para você seguir por este caminho e deixar para comprar seu primeiro tarô mais tarde pode ser interessante já que as informações obtidas nesse processo certamente te ajudarão a escolher um baralho mais adequado. Entretanto estudar o tarô desde o início manuseando suas cartas e verificando diretamente nelas cada tema e cada informação a medida em que são apresentadas e estudadas é muito melhor. Como fazer então para escolher o melhor modelo de tarô para iniciar os estudos?

Em primeiro lugar não se preocupe em adquirir o "tarô definitivo". É muito comum que os tarólogos iniciem seus estudos com um modelo de tarô e conforme desenvolvem suas habilidades migrem para outros modelos e até mesmo utilizem mais de um tipo de tarô de acordo com a necessidade. Você deve dedicar alguma atenção e pesquisa para escolher o seu primeiro conjunto de cartas, mas deve ter em mente que conforme seu conhecimento sobre o assunto tornar-se mais amplo e profundo novos critérios surgirão para avaliar qual é o tarô ideal para você.

Existem muitos conjuntos de cartas que se dizem "tarôs", mas na verdade não o são. Tentar iniciar os estudos do tarô a partir de um baralho que não seja um tarô legítimo impossibilitará qualquer aprendizado correto e produtivo nesta área. Então é necessário entender minimamente o que caracteriza um tarô de fato.

Todo baralho de tarô possui setenta e oito cartas divididas em dois grupos: arcanos maiores e arcanos menores.

Os arcanos maiores são vinte e duas cartas com ilustrações de personagens e cenas. Estas cartas são numeradas de 1 a 21 em numerais romanos com mais uma carta, o Louco, que não recebe numeração.

Os arcanos menores são as cinqüenta e seis cartas restantes que são divididas em dois grupos: as cartas da corte e as cartas numeradas. As cartas da corte trazem personagens da realeza – pajem, cavaleiro, rainha e rei – para os quatro naipes tradicionais – ouros, espadas, copas e paus. As cartas numeradas trazem os números de 1 a 10 para cada um dos naipes tradicionais. Suas ilustrações são geralmente mais simples, resumindo-se a ilustrações relativas ao elemento do naipe, mas alguns baralhos modernos podem trazer ilustrações mais elaboradas.

Um tarô autêntico deve respeitar esta estrutura.

Mesmo entre os tarôs legítimos existem, hoje, vários modelos disponíveis. Eles trazem a mesma estrutura e a mesma ideia simbólica, mas suas ilustrações podem variar bastante.

Opte sempre pelo modelo de tarô que seja bonito, que lhe atraia e com o qual você sinta afinidade. É mais vantajoso abrir mão de um tarô tecnicamente superior em prol de um modelo mais simples, mas que esteja mais próximo das suas necessidades. Cada carta é antes de tudo uma obra artística. Então apreciar o seu tarô e ter afinidade com ele é muito importante.

Dentre os vários modelos disponíveis atualmente recomendo um dos seguintes para o início dos estudos:

1º) Tarô Universal de Waite;

2º) Tarô de Thoth;

3º) Tarô de Marselha.

Estes três são os mais indicados não apenas para iniciar o estudo do tarô, mas mesmo para estudos e aplicações mais avançadas. O Tarô Universal de Waite também conhecido como Tarô Rider-Waite é hoje o parâmetro simbólico para, praticamente, todo tarô moderno. Ele respeita o simbolismo do tarô clássico e o aprofunda consideravelmente. Além disso esse tarô traz ilustrações simbólicas mais completas para as cartas dos arcanos menores o que facilita em muito o estudo e a compreensão desta parte do tarô. O Tarô de Thoth é a segunda referência padrão para os tarôs modernos. Ele traz uma visão simbólica um pouco mais complexa do que o Tarô de Waite e é especialmente indicado para os estudantes do esoterismo ocidental por agregar vários símbolos e ensinamentos comuns nesta tradição. O Tarô de Marselha é o mais antigo e é hoje a referência do que chamamos tarô clássico. Seus símbolos são mais simples, mas formam o parâmetro original no qual todos os outros tarôs se baseiam. Destes o baralho mais indicado é o Tarô Universal de Waite. Todo estudante do tarô deveria ter este modelo em algum momento mesmo que ele não seja o seu primeiro tarô. Então se você não encontrar um tarô que tenha uma afinidade natural com você ou mesmo se estiver em dúvida sobre qual modelo comprar para iniciar seus estudos o Tarô Universal de Waite é o recomendado.

Existem vários outros tarôs que mantém a estrutura e o simbolismo clássicos e que podem ser utilizados pelo iniciante sem grandes problemas. Mas há que se estudar caso a caso pois cada um traz suas vantagens e desvantagens próprias. Contanto que o tarô siga estritamente a estrutura tradicional a apreciação estética e a afinidade devem ser a medida para escolher seu primeiro tarô. Em todo caso o Tarô Universal de Waite será sempre uma escolha acertada. O importante é ter um baralho de tarô e estuda-lo.

O tarô é uma ferramenta fundamental para o estudo da tradição esotérica ocidental e, mesmo para os que não se dedicam a estes estudos, uma ferramenta bastante útil para viver de forma mais inteligente e consciente.

O que é cabala

Este é o primeiro de uma pequena série de artigos que mostra os elementos mais fundamentais da cabala. Eles foram escritos já há algum tempo e apresentam o tema de forma bastante simples, mas estou certo de que serão de grande utilidade para todos que tenham curiosidade sobre este assunto, mas que ainda não iniciaram algum estudo sobre a tradição cabalística.

Vamos começar, então, pelo começo: o que é cabala?

Atualmente ouvimos muito falar sobre a Cabala. Vários artistas dizem seguir esta filosofia. Muitas revistas apresentam matérias sobre o assunto e é muito comum conhecermos alguém que já consultou um cabalista para verificar a quantas andam determinada área de sua vida ou adquirir alguma orientação. Mas o que é exatamente a cabala? Seria uma seita para artistas de Hollywood? Seria uma técnica de numerologia? Ou um método de meditação transcendental? Talvez uma corrente de pensamento new age?

Aqueles que tiverem mais sorte já ouviram esse termo associado à religião judaica. É justamente entre essa religião que surgiu a cabala. Então observando um pouco mais de perto sua origem e sua relação com a tradição judaica poderemos entender melhor do que ela se trata exatamente.

A palavra "cabala" quer dizer "tradição" ou "transmissão oral". A rigor sua pronúncia correta seria cabalá e os estudiosos mais tradicionalistas costumam redigir o termo de várias formas já que ele vem originalmente da língua hebraica onde só recentemente se estabeleceu regras para uma transliteração padronizada. Nesses artigos não vou dar tanta atenção assim para a grafia. Isso deve ser foco de atenção apenas quando o estudante começar seus estudos da língua hebraica e só será necessário em um nível mais avançado.

Como a própria origem da palavra sugere a história e a base da cabala estão intimamente ligadas à religião judaica. Segundo alguns cabalistas podemos dividir os ensinamentos do judaísmo em três grandes partes. A primeira, o corpo do judaísmo, se constitui das instruções e ensinamentos transmitidos direta ou indiretamente por Deus ao povo hebreu registrados nos livros sagrados, principalmente em um conjunto de cinco livros atribuídos a Moisés que compõe a chamada Torá, ou Lei. A segunda, a alma do judaísmo, se constitui de vários textos de comentários sobre a Torá transmitidos por vários rabinos, os sacerdotes judeus, ao longo da história e registrados em uma coletânea chamada Talmudes. A terceira, o espírito do judaísmo, se constitui dos ensinamentos místicos, teológicos e filosóficos que compõe a Cabala. A Torá era entregue ao povo, o Talmude era reservado a alguns poucos estudiosos e a Cabala era transmitida apenas àqueles que eram julgados preparados para receber este conhecimento. Tratava-se da essência do conhecimento esotérico do judaísmo e do estudo mais profundo tanto da Torá quanto do Talmude.

Mas não devemos pensar que a cabala, em nossos dias, está restrita apenas ao judaísmo. Este conhecimento tem uma extensa história de evolução e adaptação desde os antigos tempos até nossos dias. Hoje a cabala se apresenta como um sistema filosófico completo que pode ser estudado e aplicado por pessoas das mais variadas etnias ou sistemas religiosos. Esta magnífica disciplina teve sua origem entre o povo judeu, mas se constitui, hoje, em um sistema universal.

Para entender os propósitos da cabala podemos manter esta simples definição em mente: cabala é um sistema filosófico. Assim, a cabala é um sistema, ou seja, um conjunto de métodos e ferramentas ordenadas de forma inteligente e que conduzem a um resultado definido. Também é filosófica, isto é, diz respeito ao conhecimento, à sabedoria, â ciência, à busca de respostas para todo tipo de perguntas, seja em relação ao homem, à natureza, ao universo ou à própria divindade.

Poderíamos pensar que um sistema filosófico destinado a responder todas estas questões seria algo muito complexo, mas isso não se aplica à cabala. Apesar dos propósitos grandiosos o sistema cabalístico é extremamente simples e natural. Seu estudo pode ser tão extenso quanto as questões que se busca elucidar, mas a essência do sistema é bastante simples e pode ser aprendida por qualquer pessoa sem grandes dificuldades.

Em resumo a cabala é um sistema filosófico univeral, simples e natural, que oferece uma ferramenta poderosa para investigar os mistérios do homem, da natureza e do universo.

Os elementos fundamentais da cabala

Todo o sistema cabalístico se fundamenta nos chamados Trinta e Dois Caminhos da Sabedoria. Estes caminhos foram apresentados pela primeira vez no Séfer Iezirá, ou Livro da Criação, que é considerado o tratado mais antigo sobre a cabala e que constitui sua base.

Os Trinta e Dois Caminhos da Sabedoria são as ferramentas básicas que compõe o sistema da cabala. Toda a cabala se constitui no uso inteligente e ordenado destas trinta e duas ferramentas. Mas do que se tratam essas ferramentas? Dos elementos mais básicos da cultura do povo hebreu: os dez números e as vinte e duas letras do alfabeto hebraico. Estes são os elementos fundamentais da cabala.

Mas como os números e as letras podem constituir um sistema filosófico completo? Para entender melhor este potencial das letras e números na tradição judaica observemos algumas peculiaridades de sua escrita.

O alfabeto hebraico compõe-se de vinte e duas letras. Sua grafia é bastante diferente do alfabeto latino. Cada uma das letras é consoante não havendo letras para representação das vogais. Não há caracteres para a representação de números cabendo às próprias letras cumprir este papel. O nome de cada letra tem uma representação ou uma idéia associada.

Cada letra é a representação de um som e a partícula fundamental de uma palavra e esta é o veículo de transmissão de uma idéia. No alfabeto hebraico cada letra é, por si só, um símbolo que apresenta uma idéia fundamental. Uma palavra escrita em hebraico além de carregar a idéia que representa por si mesma pode ser analisada, também, como uma sucessão de idéias carregadas por cada letra individualmente. Poderíamos dizer que cada palavra em hebraico carrega o seu significado em si e a soma dos significados de cada letra.

Isso fica ainda mais interessante se observarmos que cada letra representa um número. Como já dissemos os hebreus utilizam as mesmas vinte e duas letras para a representação numérica. Assim cada palavra escrita em hebraico possui também um valor numérico associado. Tomando cada letra de uma palavra individualmente poderíamos somar seus valores e reduzir a palavra a um número chave que também seria representado por uma letra. A relação número, letra e palavra é muito importante para a utilização filosófica da língua hebraica empregada na cabala.

De cada idéia associada a uma letra podemos derivar todo um cenário. Cada símbolo atua como uma chave que abre as portas para uma idéia arquetípica ou para um cenário que represente os valores ou os princípios relacionados a esta idéia. Aqui entramos no amplo estudo da simbologia, terreno bastante fértil para o exercício da intuição e da associação fluídica e natural de idéias.

A tradição cabalística atribui um símbolo ou uma idéia a cada um dos dez números ampliando ainda mais o potencial simbólico das trinta e duas ferramentas que compõe a cabala.

As quatro divisões do estudo da cabala

O estudo das letras e números por si só não constitui o sistema cabalístico. Há que se relacionar estes elementos de forma ordenada segundo certos métodos. Estes métodos e as técnicas derivadas apresentam um campo de estudos bastante vasto. Para facilitar este trabalho os estudiosos modernos costumam dividir a cabala em quatro grandes áreas.

Alguns referem-se a estas áreas de estudo como cabalas. Isso não significa que cada área seja independente, mas demonstra o potencial do estudo cabalístico em cada linha específica de pesquisa. Essas quatro divisões da cabala são: (1) Cabala Dogmática; (2) Cabala Literal; (3) Cabala Simbólica e (4) Cabala Prática.

A primeira divisão, a Cabala Dogmática, sugere o estudo dos textos clássicos sobre o assunto. Os mais célebres são o Séfer Iezirá, o Livro da Criação, e o Séfer Ha Zohá, o Livro dos Esplendores. O primeiro é atribuído a Abraão e oferece de forma bastante direta as trinta e duas ferramentas e suas relações e símbolos principais. O segundo é uma coletânea de vários tratados baseados no Livro da Criação e na Torá apresentando várias técnicas e comentários sobre a cabala como um todo. Em uma abordagem mais moderna poderíamos incluir vários textos célebres de estudiosos que se dedicaram ao estudo da cabala e registraram suas descobertas e suas técnicas em livros específicos. O importante aqui não é ser tradicionalista, mas sim compreender que não há porque redescobrir o que já foi descoberto ou refazer o trabalho que já foi feito. Há que se adquirir o ensinamento deixado pelos cabalistas mais antigos e continuar os estudos. A Cabala Dogmática não sugere propriamente um dogma a ser seguido. Isso seria contrário à própria cabala. Sugere que busquemos aprender com os grandes mestres do passado com reverência e humildade e que experimentemos todas as suas propostas com coragem e persistência.

A segunda divisão, a Cabala Literal, trata das técnicas envolvendo as letras e números de forma mais direta, como já sugerimos anteriormente, trabalhando com os aspectos numéricos e simbólicos de cada palavra, fazendo cálculos, reduzindo termos a um símbolo síntese, enfim, aplicando várias técnicas sobre as letras do alfabeto hebraico. Aqui estão as técnicas mais numéricas como a Guematria e as análises de nomes e datas tão comuns em nossos tempos.

A terceira divisão, a Cabala Simbólica, amplia o potencial dos símbolos e idéias contidos nos caracteres hebraicos e nas idéias originais dos dez números e trata dos símbolos mais complexos e de esquemas sintéticos que visam condensar o conhecimento cabalístico. Aqui estão os estudos sobre os desenhos e imagens simbólicas produzidos sob a técnica da cabala. O diagrama mais conhecido e mais importante da Cabala é a Árvore da Vida que forma a síntese máxima de todo o sistema cabalístico. Os símbolos cabalísticos são o principal foco da meditação para alcançar o conhecimento oculto através da via direta, através da experiência que os estudiosos modernos chamam insight e que os cabalistas denominam simplesmente intuição.

A quarta divisão, a Cabala Prática, lida com os aspectos mais nobres e poderosos de toda a cabala apresentando uma disciplina prática e direta para produzir efeitos fantásticos sobre a natureza, uma forma poderosa de despertar os poderes mais ocultos do homem e de interagir e controlar de forma profunda as forças fundamentais da criação: a Magia. Aqui temos o estudo dos nomes sagrados e das hierarquias angélicas bem como dos métodos pelos quais o homem pode entrar em contato e interagir com essas hierarquias. A Cabala Prática também estuda os talismãs, os desenhos ou formas que possuem poderes específicos. Este ramo de estudos foi proibido em algumas linhagens tradicionais judaicas sendo praticado e estudado por poucas seitas cabalistas dentro do judaísmo.

Muitos autores dividem o estudo da cabala de forma diferente sendo mais comum separa-la simplesmente em Cabala Teórica e Cabala Prática. Nesta perspectiva mais simples ainda temos todo o conteúdo estudado pelas quatro divisões apresentadas anteriormente, mas divididas em termos de teoria e prática direta.

Todas estas divisões são didáticas e não representam partes ou áreas isoladas. Qualquer estudo da cabala que não envolva todas as áreas apresentadas aqui estará incompleto. A cabala é um todo único e deve ser estudada de forma integral.

Uma breve história da cabala

Tendo uma visão geral da cabala, de suas ferramentas básicas, de seus propósitos e áreas de estudo é preciso observar alguns pontos históricos para ampliar um pouco mais o entendimento deste tema antes de se explorar as questões mais diretas e práticas.

A cabala nasceu como uma parte dos estudos dos sacerdotes judeus. Poderíamos dizer que a cabala é o ensinamento esotérico do judaísmo. A palavra "esotérico" designa algo que está restrito a um pequeno grupo, que é secreto, contrapondo-se à palavra exotérico que designa o que está aberto a todos. A cabala constitui um conhecimento secreto entre os antigos judeus.

Há várias versões para as origens da cabala. A versão mais tradicional diz que ela foi entregue a Enoque diretamente pelos anjos e este transmitiu o conhecimento a seus descendentes.

Na breve citação de Enoque que encontramos no Antigo Testamento bíblico vemos que este personagem foi transportado para junto de Deus e dos anjos. A tradição antiga diz que Enoque, ao ser transportado para junto dos anjos, aprendeu com estes os seus mistérios e recebeu a missão de retornar à terra para ensina-los aos homens. Enoque assim o fez e transmitiu esses mistérios dando origem aos primeiros fundamentos da cabala.

Alguns atribuem a origem destes ensinamentos a Abraão que teria compreendido os mistérios de Deus e registrado seus fundamentos no Livro da Criação.

Seja qual for a versão para a origem da cabala todos os cabalistas reconhecem o valor do personagem Enoque e dos textos atribuídos a ele e o simbolismo cabalístico que envolve Abraão nos textos bíblicos que o citam. Também o Livro da Criação é admirado por todos os cabalistas por apresentar os fundamentos da cabala.

Esta tradição foi transmitida de geração a geração entre o povo hebreu até alcançar a figura de Moisés. A este personagem é atribuída a composição dos primeiros textos sagrados do povo hebreu, a Torá, que se constituiria na primeira codificação do conhecimento cabalístico. Os textos bíblicos de modo geral, e não somente os livros de Moisés, oferecem informações e conhecimentos fantásticos quando estudados utilizando-se das ferramentas cabalísticas.

Após a codificação o sistema cabalístico foi transmitido aos vários patriarcas hebreus ao longo da história, sempre de forma oral, até que no segundo século foram registrados de forma escrita pelo rabino Shimon ben Iohai no Livro dos Esplendores.

Na Idade Média inicia-se um processo lento e progressivo de abertura da cabala para estudantes fora do rabinato, a classe sacerdotal judaica, e mesmo para fora do judaísmo.

Com esta abertura as técnicas e os conhecimentos cabalísticos deixam, pouco a pouco, o paradigma judaico e assumem um caráter mais universal, sendo estudados e ampliados por vários filósofos cristãos. Nasce, assim, a forma de Cabala Prática mais moderna chamada normalmente de Magia. É neste movimento de abertura, também, que é codificado o diagrama da Árvore da Vida.

A cabala difundida na Idade Média por várias seitas cabalistas judaicas e por alguns núcleos de estudo fora do judaísmo é profundamente trabalhada, ampliada e explicada pelo famoso mago francês Eliphas Lévi. Lévi, um cristão fervoroso e profundo admirador da tradição hebraica, extrai a cabala do paradigma judaico e estuda-a profundamente apresentando-a em sua essência, de forma natural e simples, mas demonstrando seu potencial filosófico profundo e amplo. A tendência de universalização da cabala iniciada na Idade Média encontra seu auge em Lévi que demonstra sua aplicação e congregação com ensinamentos de várias outras fontes, não somente cristãs tradicionais, mas também gnósticas, orientais e de mitologias de vários povos. Seus estudos estabelecem um verdadeiro marco no estudo da magia e da cabala e inspiram uma série de estudantes, grupos e instituições dedicadas a estes temas.

Podemos dizer que surge, neste momento, duas grandes vertentes para o estudo da cabala: a Cabala Judaica e a Cabala Esotérica. A primeira mantém o estudo cabalístico dentro do paradigma judaico e da tradição do povo hebreu como uma das três partes desta religião. A segunda utiliza a cabala em sua essência e de forma universal dentro de parâmetros mais amplos e mais adequados ao paradigma moderno.

As instituições inspiradas pelas obras de Eliphas Lévi surgidas a partir do século dezenove ampliaram imensamente o estudo da cabala dando origem a um grande número de tratados sobre o tema e formando as bases para os sistemas de várias sociedades e ordens secretas que desenvolvem seus trabalhos até nossos dias.

Essa grande proliferação de trabalhos e estudos sobre a cabala tornou o tema acessível a todos e, aproveitando esta moda, vemos em nossos dias uma série de trabalhos ditos cabalísticos com fins puramente comerciais.

Atualmente temos a nossa disposição muitos textos e estudos fascinantes sobre este tema tanto na vertente judaica quanto na vertente esotérica. Mas também temos uma grande proliferação de trabalhos de má informação ou mesmo de desinformação. E a moda esotérica que vivemos faz com que o acesso a determinadas ferramentas, como a cabala, seja feito de forma superficial e deturpada. Então tome muito cuidado com estas armadilhas dos tempos modernos.

Antigamente os grandes ensinamentos eram transmitidos apenas aos que estavam preparados. Uma série de provas eram impostas para testar o valor dos candidatos. Para o vulgo os mistérios estavam ocultos pelos grandes templos e pelos símbolos somente compreendidos pelos iniciados. Atualmente os símbolos foram desvelados, os mistérios foram entregues explicitamente e os grandes segredos estão abertos. Mas, mesmo assim, eles ainda continuam ocultos aos olhos do vulgo. Estão embaralhados e perdidos nas prateleiras das grandes livrarias escondidos por trás de títulos inúteis, fantasiosos e até mesmo perigosos. Os antigos abismos que os neófitos da antiguidade deviam cruzar para provar seu valor arriscando suas próprias vidas ainda precisam ser cruzados pelos neófitos atuais, mas hoje eles se apresentam em forma de idéias interessantíssimas encadernadas nos mais atraentes volumes que visam apenas atrapalhar aos que buscam a iniciação. Todos esses obstáculos deverão ser ultrapassados por aqueles que realmente desejam encontrar o conhecimento verdadeiro.

Algumas questões sobre a história da cabala

As origens e a história antiga da cabala como apresentamos corresponde à versão mais tradicional. Mesmo se ignorarmos outras versões mais acuradas e criteriosas podemos encontrar vários pontos curiosos nesta narrativa mais comum e tradicional que merecem alguma reflexão.

Certamente com relação aos acontecimentos mais antigos não podemos oferecer contestação ou corroboração concreta já que são poucos os indícios arqueológicos sobre eras tão remotas. Assim não há como condenar ou defender de forma definitiva a veracidade desta versão tradicional. Mas alguns pontos relacionados à história da cabala ou ao povo hebreu devem ser mencionados para que cada estudante reflita e busque suas respostas ou mesmo para que tenhamos ciência das várias implicações da história comumente difundida para a cabala.

Em primeiro lugar poderíamos ressaltar as várias influências sofridas pelo povo hebreu ao longo de sua história. Sua cultura transformou-se ao longo dos séculos de dominação e intercâmbio cultural, adaptando-se a novas realidades, novos tempos e novos paradigmas. E é de se esperar que a cabala, nascida no seio judaico, também tenha se transformado com essas influências.

Lembremo-nos que Abraão era sumério e que tinha relações com os egípcios e até com o faraó diretamente se considerarmos o que é citado nos textos bíblicos de Moisés. Não podemos dizer, também, que o povo hebreu durante o cativeiro no Egito já possuía uma unidade cultural que os qualificasse como um povo específico. Moisés, mesmo não tendo sangue egípcio, foi criado e educado como membro legítimo da família real. Assim é de se esperar que toda sua visão de mundo, sua forma de ver as coisas, bem como suas técnicas, suas ferramentas mentais, filosóficas, todo o seu comportamento fosse legitimamente egípcio. Vários historiadores atuais levantam as semelhanças das idéias monoteístas de Moisés com movimentos de mesmo gênero surgidos no Egito pouco antes de sua época sugerindo hipóteses bem interessantes sobre a identidade egípcia deste personagem.

Assim, quando o povo hebreu deixou o Egito e constituiu uma nação, ainda que não unificada, carregou consigo uma forte herança egípcia, suméria e, possivelmente, de vários outros povos que foram agregados aos fugitivos e considerados também hebreus.

Prosseguindo na história dos hebreus vemos vários momentos onde a cultura deste povo esteve em contato e interação direta com outras culturas fortes como os caldeus, os persas e os gregos. É coerente supor que todas estas culturas influenciaram fortemente o pensamento, a filosofia, a mística e a ciência judaica. Todas essas transformações, influências e sincretismos foram moldando a cabala ao longo da história.

Vale lembrar também que apesar da Torá ser atribuída a Moisés foi Esdras, muito tempo depois, que redigiu o texto que conhecemos e o instituiu como literatura sagrada quando da reconstrução do templo de Jerusalém. Nessa época várias foram as influências sobre os hebreus e sobre a cabala.

A possível ligação entre a cabala e os mistérios egípcios é bastante conhecida e vem sendo amplamente estudada por alguns historiadores. Há vários indícios que apontam a filosofia egípcia como sendo a origem do sistema cabalístico e a história que conhecemos corrobora esta hipótese. Como já dissemos antes não temos indícios concretos suficientes para encerrar esta questão, mas tudo indica que o Egito é realmente a fonte da cabala.

Outro ponto que deve ser mencionado com relação à história tradicional da cabala é que apesar de o Livro da Criação ser atribuído a Abraão e sua origem ser apontada para os tempos mais remotos a análise dos historiadores sobre este texto apontam o século onze como data factível para a sua redação. Isso também acontece com o Livro dos Esplendores que é apontado como proveniente do segundo século da era cristã, mas que teria sido redigido no século treze. A análise histórica imparcial da tradição e dos conceitos cabalísticos demonstra que a cabala como nós a conhecemos não foi desenvolvida ou codificada entre os judeus nos primeiros tempos de sua história mas tem sua origem após o século doze quando uma série de seitas judaicas formularam os vários sistemas que compõe a cabala e que logo se espalharam para núcleos não judeus.

Isso não significa necessariamente que a cabala como um todo é um sistema moderno. Os antigos hebreus certamente possuíam os conhecimentos cabalísticos. Mas estes eram bastante rudimentares se comparados às codificações estabelecidas após a idade Media. Então defender a Cabala Judaica como a mais tradicional em relação a Cabala Esotérica ou afirmar que existe uma cabala mais antiga em detrimento das técnicas modernas é um erro. A codificação do sistema cabalístico que temos hoje, tanto na abordagem judaica quanto na abordagem esotérica, é medieval ou moderna.

A cabala é uma ciência viva, moldada a partir de elementos de várias culturas, que se transformou com o passar dos tempos para melhor se adequar às novas necessidades do homem, carregando a tradição dos antigos mistérios, mas apresentando-se sempre sob uma forma moderna.

Deve-se observar, também, a estreita ligação entre a cabala e o gnosticismo. Alguns textos citam o anjo Metraton como autor da cabala e textos gnósticos contemporâneos apontam Enoque como manifestação física deste anjo. Assim percebemos que a visão ocultista que defende o anjo Metraton como autor da cabala se harmoniza com a versão tradicional que aponta Enoque como o difusor deste ensinamento se considerarmos esta anotação feita pelo gnosticismo moderno. Também há no livro Pistis Sophia, um dos antigos evangelhos gnósticos, uma passagem onde Jesus cita que ele próprio instruiu Enoque quando este havia sido transportado para junto dos anjos e que o havia incumbido de retornar a terra e transmitir seus ensinamentos que também nos remete à história tradicional da cabala.

Considerando que o sistema cabalístico é uma codificação relativamente recente a influência de correntes de pensamento mais antigas como o gnosticismo, o hermetismo e o neoplatonismo não é algo estranho e pode ser facilmente verificada.

Agregando novas ideias à cabala

Poderíamos comparar a cabala a um rio que, através dos tempos, recebem vários afluentes que dão novas forças às águas originais e que impedem que elas sequem. As águas se transformam, mas em essência continuam as mesmas e constituindo o mesmo rio.

Atualmente, com a proliferação de textos e propostas mais comerciais, vemos que alguns afluentes poluídos somam suas águas a este grande rio que é a cabala. Mas uma breve observação dos afluentes mais antigos demonstrará quais são as águas mais puras.

Se as influências externas e a agregação de conceitos sempre existiram na história da cabala ela é ainda mais forte em nossos dias onde o acesso a informação de todas as partes do mundo é algo rápido e fácil. Mas devido a essa facilidade não há mais a necessidade de absorver conceitos ou técnicas externas para preservá-las integradas ao sistema filosófico em questão. A cabala não absorve técnicas ou métodos de outros sistemas filosóficos, mas se integra a eles buscando uma melhor eficiência em sua aplicação.

Não existe sistema filosófico melhor ou pior. Cada um desenvolve melhor determinado aspecto de acordo com as necessidades e características de seu povo de origem. As técnicas de meditação são melhor descritas na prática do yoga indiano do que na tradição cabalística enquanto o estudo dos símbolos e esquemas da cabala é muito mais completo do que os yantras indianos.

É uma tendência geral não somente dos cabalistas, mas das várias linhas filosóficas atuantes em nossos dias a agregação de técnicas ou métodos de outros sistemas. Mas, como já dissemos, essa agregação não se constitui atualmente em absorção, mas sim em complementação. Tudo o que é agregado já existe na verdade, mas está melhor explicado por autores de outras linhas. Um bom exemplo disso é a prática da meditação. Ela sempre existiu no sistema cabalístico, mas através de menções indiretas ou orientações implícitas. Já no sistema do yoga esta prática está bastante detalhada e é explicada a fundo. Existindo a prática no sistema cabalístico não há porque não aproveitar os estudos mais extensos produzidos no oriente para enriquecer a meditação na cabala.

O tarô é um outro grande exemplo de uma ferramenta externa amplamente aplicada na cabala moderna. Muitos estudantes, inclusive, confundem o estudo da cabala com o estudo do tarô. Obviamente a cabala é algo totalmente independente do tarô. Mas a agregação desta ferramenta no sistema cabalístico é bastante natural e enriquece enormemente a ambos.

Esta tendência em agregar o que há de melhor em vários sistemas filosóficos é ainda mais forte em um povo de ascendência tão vasta e de cultura tão miscigenada como o brasileiro. O sincretismo é pratica comum no Brasil e é natural para o brasileiro a agregação de técnicas das mais variadas culturas.

Mas aqui deve-se ter muito cuidado. O sincretismo pode gerar conflitos já que se tenta unir duas correntes diferentes. O seu oposto, o ecumenismo, gera muitas perdas desnecessárias já que tudo o que é incompatível é retirado. A maneira mais eficaz, ou talvez a única, de trabalhar com elementos de dois sistemas filosóficos distintos é reduzi-los a sua síntese. A síntese não é uma redução pela exclusão da incompatibilidade como em um processo ecumênico, mas sim a redução de cada elemento do sistema a sua raiz. Esta contém todo o potencial do sistema, mas se apresenta de forma simples e objetiva. Além disso, sendo a proposta e a meta de todos os sistemas filosóficos uma só, a redução à síntese destes resulta sempre em algo muito semelhante e totalmente compatível. Desta forma o processo de agregação de ferramentas ou técnicas se beneficia muito dos processos de síntese.

Vemos muitos equívocos na utilização de sistemas diferentes em conjunto pelo descuido ou desconhecimento de suas bases essenciais. Basta ver as várias formas equivocadas com que o tarô é aplicado à cabala ou mesmo a confusão que se faz entre ambos. Bastaria uma leitura detida do Séfer Iezirá e do estudo de alguns autores modernos sobre ambos os temas para se ver claramente sua correta aplicação.

Se o cabalista é descuidado em seu estudo uma ferramenta que poderia se constituir em grande aliada acaba por se transformar em um poderoso grilhão do qual é muito difícil se libertar. Mas nenhum risco recai sobre o estudante que mantém sua mente aberta e que se dedica ao estudo constante dos vários aspectos do sistema cabalístico.

A cabala é um caminho intelectualmente exigente onde a experiência espiritual é construída sobre uma sólida base cultural.

A Árvore da Vida

Conta a tradição que no Jardim das Delícias criado por Deus para abrigar o primeiro homem e a primeira mulher haviam duas árvores: a Árvore do Conhecimento e a Árvore da Vida. Da primeira provou o casal primordial e foi expulso do paraíso. Muito além do pobre conceito de pecado original essa história nos aponta questões mais profundas.

A árvore da qual provou Adão chamava-se Árvore do Conhecimento. Poderíamos dizer, então, que Adão provou da Árvore da Gnosis. Ainda mais se observarmos as conseqüências deste ato. Quando Adão come do fruto de tal árvore percebe que estava nu, isto é, seus olhos se abrem e ele toma consciência de sua condição atual. Adão, como devemos lembrar, não se refere propriamente ao primeiro homem, mas é o símbolo de toda a humanidade em um período ancestral.

Com a abertura dos olhos tem, o homem adâmico, que arcar com certas conseqüências decorrentes de tal transformação de estado consciencial e físico. Assim Deus proclama o que algumas correntes ditas cristãs consideram a punição pelo pecado original, mas que na verdade constitui mera constatação das conseqüências deste novo estado adquirido pela humanidade. Não é Deus quem pune Adão e Eva por seu ato.

Trata-se, neste ponto, de um alerta sobre a nova condição que eles experimentariam como simples conseqüência de seu ato. Assim Deus expulsa o casal do Jardim das Delícias já que eles "são agora como os deuses" e "para que não experimentem da Árvore da Vida". Para impedir o retorno do homem adâmico para o seu paraíso põe Deus um anjo armado com uma espada flamejante na porta deste jardim.

Todos estes símbolos saltam aos olhos dos iniciados que bem sabem o trabalho que devem empreender para vencer este anjo e retornar ao seu estado primordial. Toda esta história remete a um profundo simbolismo interior onde o Jardim do Édem não é um local físico, mas sim um estado de consciência que o homem abandonou quando abriu seus olhos. Retornar para este estado é o propósito de toda a busca do ser humano pois só então ele terá a felicidade completa que tanto almeja.

Mas para empreender este retorno o homem terá que decifrar os símbolos por trás da tradição que assinalam o caminho para, quando de posse de sua própria espada flamejante, derrotar o anjo guardião do jardim e retornar a seu estado primordial.

A Árvore da Vida é o símbolo de todos os conhecimentos e de todo o potencial do homem em seu estado legítimo e original. E é justamente sobre este símbolo dos antigos mistérios esquecidos por nossa humanidade que se estrutura todo o estudo e a prática da cabala.

O texto mais antigo que versa diretamente sobre a cabala, o Livro da Criação, apresenta a Árvore da Vida em seus elementos essenciais. Estes elementos foram organizados em um diagrama sintético pelos cabalistas medievais produzindo um símbolo que resume todo o conhecimento da cabala.

Este é um diagrama perfeito das relações entre as trinta e duas ferramentas essenciais da cabala. E, assim como as próprias ferramentas fundamentais, trata-se de um diagrama bastante simples composto por dez círculos representando os dez números unidos por vinte e duas linhas correspondentes às vinte e duas letras do alfabeto hebraico.

Cada esfera, chamada em hebraico de Sefirá e no plural como Sefirot, representa uma emanação divina, uma manifestação específica da divindade. Cada caminho, relacionado a cada letra, representa um estado interior que marca a transição entre uma esfera e outra.

Todo o diagrama apresenta o significado e o papel de cada letra e de cada número em seu simbolismo mais profundo. A essência e a natureza de cada esfera e de cada ligação são obtidas pela reflexão e pela meditação no lugar que cada um destes elementos ocupa no diagrama da Árvore da Vida e quais são suas relações com os outros elementos.

Além disso cada número e cada letra do alfabeto hebraico carregam em si um símbolo ou uma idéia chave. Isso também acontece com cada esfera e caminho representando um simbolismo particular. Os simbolismos associados a cada esfera estarão diretamente ligados ao simbolismo do número que as representa podendo, sob certo ponto de vista, serem considerados a mesma coisa.

Isso também ocorre com as letras. Seu simbolismo será, de certa forma, o simbolismo do caminho associado a ela. Dizemos "de certa forma" porque cada um destes elementos se confunde de modo geral, mas possuem em si uma natureza, uma essência, um papel distinto. Mas essa classe de percepção deverá ser obtida de forma direta através da meditação sobre estes elementos pelo cabalista que já tenha dominado os princípios fundamentais do sistema cabalístico.

א ב ג ד ה ו ז ח ט י כ

ל מ נ ס ע פ צ ק ר ש ת

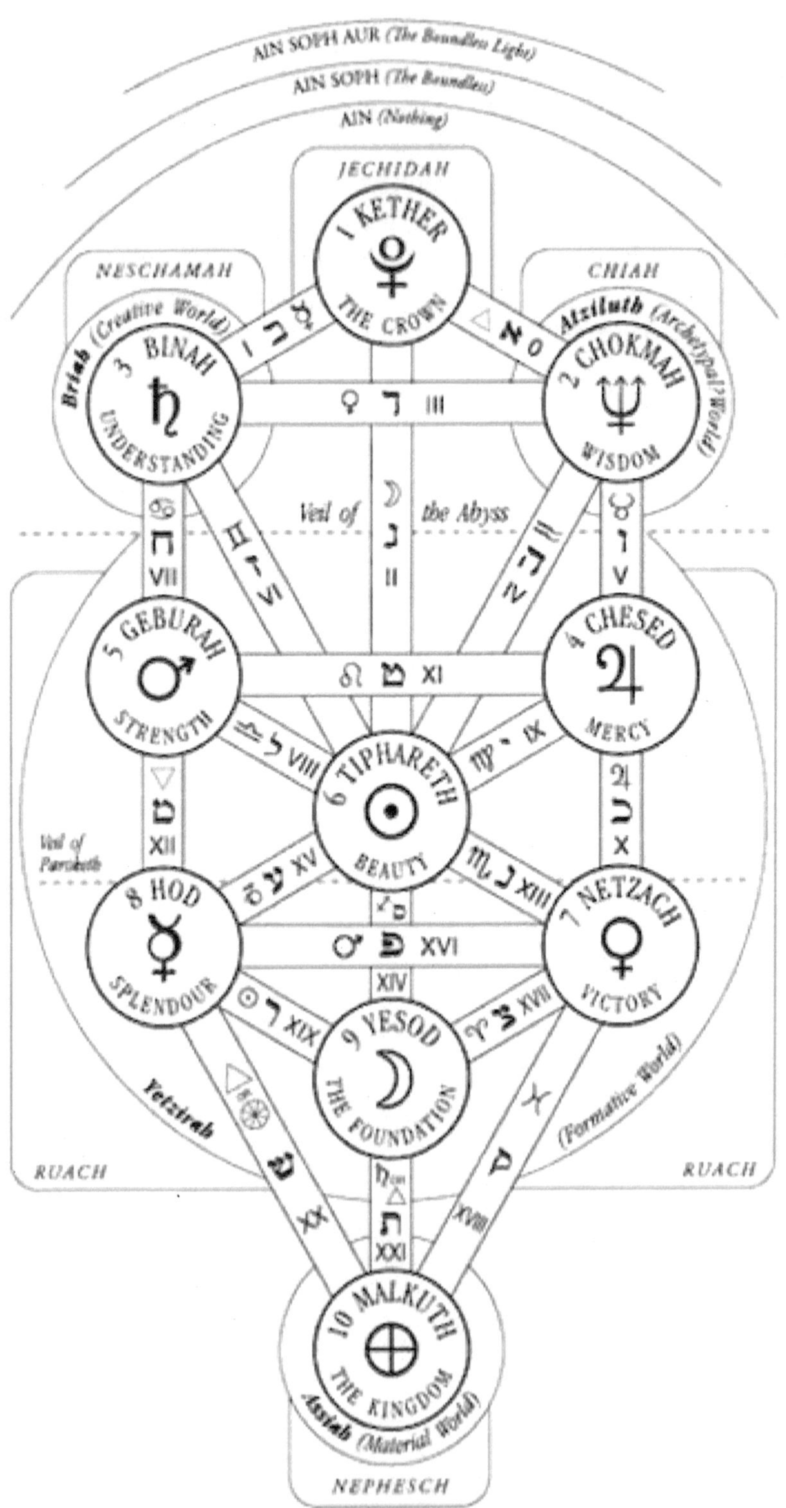

AIN SOPH AUR (The Boundless Light)
AIN SOPH (The Boundless)
AIN (Nothing)
JECHIDAH
1 KETHER
THE CROWN
NESCHAMAH
CHIAH
Briah (Creative World)
Atziluth (Archetypal World)
3 BINAH
UNDERSTANDING
2 CHOKMAH
WISDOM
Veil of the Abyss
5 GEBURAH
STRENGTH
4 CHESED
MERCY
6 TIPHARETH
BEAUTY
Veil of Paroketh
8 HOD
SPLENDOUR
7 NETZACH
VICTORY
9 YESOD
THE FOUNDATION
Yetzirah
RUACH
RUACH
(Formative World)
10 MALKUTH
THE KINGDOM
Assiah (Material World)
NEPHESCH

Os Trinta e Dois Caminhos da Sabedoria

O diagrama da Árvore da Vida demonstra a interação entre os Trinta e Dois Caminhos da Sabedoria da tradição cabalística representados pelos dez números e pelas vinte e duas letras do alfabeto hebraico. Cada um destes caminhos representa um aspecto do cosmos. Os dez números ou emanações representam aspectos de Deus enquanto as letras representam a própria Criação já que são o elemento fundamental do nome de tudo o que existe.

A utilização mais comum deste sistema dos Trinta e Dois Caminhos é a meditação em cada um destes elementos e suas relações no diagrama da Árvore da Vida bem como vários níveis de reflexão filosófica sobre estas relações e significados aplicados a várias áreas e aspectos da vida e da natureza tanto concretos quanto abstratos.

Em nossos dias é muito comum que se utilize o baralho do Tarô como ferramenta adicional ou mesmo como um dicionário de simbolismos para os Caminhos da Sabedoria. Atuando desta forma cada carta associada a um caminho apresenta os símbolos deste caminho. Os Tarôs direcionados para esta aplicação por cabalistas competentes e reconhecidos são, obviamente, os mais indicados sendo os principais o Tarô Thoth criado por Aleister Crowley e Fridda Harris e o Tarô Rider-Waite criado por Edward Waite e Pamela Smith.

Também as relações astrológicas representam parâmetro importante para a reflexão e o estudo de cada caminho sendo, talvez, o principal parâmetro para isso já que provém de textos tradicionais da cabala como o próprio Séfer Ietsirá.

Os Trinta e Dois Caminhos da Sabedoria e as principais idéias e relações atribuídas a eles são:

1º Caminho – Número: 1. Emanação: Quéter. Significado: Coroa. Experiência: União. Astrologia: Primum Mobile. Tarô: Áses nos quatro naipes.

2º Caminho – Número: 2. Emanação: Hocmá. Significado: Sabedoria. Experiência: Deus face a face. Astrologia: O zodíaco. Tarô: Dois nos quatro naipes.

3º Caminho – Número: 3. Emanação: Biná. Significado: Entendimento. Experiência: Dor. Astrologia: Saturno. Tarô: Três nos quatro naipes.

4º Caminho – Número: 4. Emanação: Hessed. Significado: Misericórdia. Experiência: Amor. Astrologia: Júpiter. Tarô: Quatro nos quatro naipes.

5º Caminho – Número: 5. Emanação: Gueburá. Significado: Severidade. Experiência: Poder. Astrologia: Marte. Tarô: Cinco nos quatro naipes.

6º Caminho – Número: 6. Emanação: Tifarét. Significado: Beleza. Experiência: Harmonia. Astrologia: Sol. Tarô: Seis nos quatro naipes.

7º Caminho – Número: 7. Emanação: Netzá. Significado: Vitória. Experiência: Beleza. Astrologia: Vênus. Tarô: Sete nos quatro naipes.

8º Caminho – Número: 8. Emanação: Hód. Significado: Glória. Experiência: Esplendor. Astrologia: Mercúrio. Tarô: Oito nos quatro naipes.

9º Caminho – Número: 9. Emanação: Iessód. Significado: Fundamento. Experiência: O mecanismo do universo. Astrologia: Lua. Tarô: Nove nos quatro naipes.

10º Caminho – Número: 10. Emanação: Malcút. Significado: Reino. Experiência: Mestre Interior. Astrologia: Os elementos. Tarô: Dez nos quatro naipes.

11º Caminho – Letra: Álef. Significado: Boi. Transliteração: A. Astrologia: Ar. Tarô: O Louco.

12º Caminho – Letra: Bêit. Significado: Casa. Transliteração: B. Astrologia: Mercúrio. Tarô: I – O Mago.

13º Caminho – Letra: Guímel. Significado: Camelo. Transliteração: Gu. Astrologia: Lua. Tarô: II – A Sacerdotisa.

14º Caminho – Letra: Dálet. Significado: Porta. Transliteração: D. Astrologia: Vênus. Tarô: III – A Imperatriz.

15º Caminho – Letra: Hêi. Significado: Janela. Transliteração: H ou E. Astrologia: Áries. Tarô: IV – O Imperador.

16º Caminho – Letra: Váv. Significado: Gancho. Transliteração: V ou U. Astrologia: Touro. Tarô: V – O Sacerdote.

17º Caminho – Letra: Záin. Significado: Espada. Transliteração: Z. Astrologia: Gêmeos. Tarô: VI – Os Enamorados.

18º Caminho – Letra: Hêt (Chet). Significado: Cerca. Transliteração: Ch (soando entre H e R). Astrologia: Câncer. Tarô: VII – O Carro de Guerra.

19º Caminho – Letra: Têt. Significado: Serpente. Transliteração: T. Astrologia: Leão. Tarô: XI – A Força.

20º Caminho – Letra: Iúd. Significado: Mão. Transliteração: I, Y ou J. Astrologia: Virgem. Tarô: IX – O Eremita.

21º Caminho – Letra: Káf. Significado: Punho. Transliteração: Kh. Astrologia: Júpiter. Tarô: X – A Roda.

22º Caminho – Letra: Lámed. Significado: Aguilhão. Transliteração: L. Astrologia: Libra. Tarô: VIII – A Justiça.

23º Caminho – Letra: Mêm. Significado: Água. Transliteração: M. Astrologia: Água. Tarô: XII – O Enforcado.

24º Caminho – Letra: Nún. Significado: Peixe. Transliteração: N. Astrologia: Escorpião. Tarô: XIII – A Morte.

25º Caminho – Letra: Sâmeh. Significado: Apoio. Transliteração: S. Astrologia: Sagitário. Tarô: XIV – A Temperança.

26º Caminho – Letra: Óin. Significado: Olho. Transliteração: O. Astrologia: Capricórnio. Tarô: XV – O Diabo.

27º Caminho – Letra: Pêi. Significado: Boca. Transliteração: P ou F. Astrologia: Marte. Tarô: XVI – A Torre.

28º Caminho – Letra: Tzádi. Significado: Anzol. Transliteração: Tz. Astrologia: Aquário. Tarô: XVII – A Estrela.

29º Caminho – Letra: Cúf. Significado: Orelha. Transliteração: Q. Astrologia: Peixes. Tarô: XVIII – A Lua.

30º Caminho – Letra: Rêish. Significado: Cabeça. Transliteração: R. Astrologia: Sol. Tarô: XIX – O Sol.

31º Caminho – Letra: Shín. Significado: Dente. Transliteração: Sh. Astrologia: Fogo. Tarô: XX – O Julgamento.

32º Caminho – Letra: Táv. Significado: Cruz. Transliteração: Th. Astrologia: Saturno. Tarô: XXI – O Mundo.

Estudando a Árvore da Vida

Cada uma das esferas que compõe a Árvore da Vida representa um princípio cósmico e arquetípico. Diz-se que elas são emanações divinas, mas não devemos aqui associa-las ao conceito que normalmente temos de Deus.

Deus não pode ser considerado um ser antropomórfico que rege o cosmos ou ser comparado a qualquer coisa existente em nosso mundo. Nem sequer podemos dizer que Deus existe. Afirmar sua existência seria delimitá-lo e prende-lo em nossos conceitos. Deus, por definição e natureza, transcende a qualquer capacidade humana de pensamento e discernimento. Ele é o Todo, o Absoluto, o Princípio Primordial de onde emana toda a criação. E é bom que ressaltemos este ponto: tudo é emanação. Assim a criação não é propriamente criação, mas sim emanação, isto é, não há propriamente distinção entre criador e criatura. A criação não se separa do criador, mas existe nele. O homem, como tudo no universo, é um indivíduo em Deus. É um erro dissocia-lo de seu criador.

Poderíamos dizer que cada esfera da Árvore da Vida representa uma face de Deus ou um de seus aspectos. Assim o Deus que promove guerras, que comanda exércitos, está se expressando pelo seu aspecto de Gueburá. Já o Deus que perdoa, que expressa acima de tudo a misericórdia é a face divina atuando através de Hessed.

Deus é único, mas expressa-se de muitas formas diferentes. E essas formas são representadas na cabala pelas esferas da Árvore da Vida. Estes princípios, por serem arquetípicos e referirem-se aos estados primordiais do próprio criador, podem ser tomados como símbolos universais. A árvore é exatamente um diagrama simbólico, arquetípico e universal. Um esquema de relações essenciais que refletem os estados básicos da criação e que pode ser aplicado em todos os âmbitos desta.

Diz o princípio hermético registrado na Tábua de Esmeralda: "tal como é em cima é embaixo". Este princípio fundamental do hermetismo é expressão de uma lei universal. Em essência cada estado da criação é uma projeção e um reflexo de um estado anterior. Assim tudo o que existe na natureza pode ser comparado diretamente a estados mais globais ou mais específicos. A mesma ordem que se vê no cosmos se vê na natureza e no homem. O homem é, na verdade, um universo em si mesmo.

Se observarmos muitas dos princípios matemáticos aplicados pelos físicos aos corpos celestes perceberemos que eles são os mesmos aplicados ao estudo do átomo. Se observarmos o comportamento da natureza externa encontraremos muitas semelhanças com nossa natureza interior. E esta observação se ampliará ainda mais se começarmos a investigar nosso espaço psicológico.

Assim a árvore como um esquema do cosmos pode ser aplicada em vários níveis. Podemos utiliza-la para estudar as relações das emanações divinas em seus estados mais primordiais. Podemos utiliza-la para estudar o universo em toda a sua organização de mundos de existência e de realidades que fogem aos nossos sentidos comuns. Podemos investigar a natureza visível sob o diagrama da Árvore da Vida. Podemos aplicar este diagrama ao homem em sua constituição física. Podemos nos aprofundar mais ainda no estudo de nós mesmos identificando todo o nosso universo interior expresso nos elementos da árvore. Para isso basta conhecer a natureza de cada esfera e identificar como esse princípio se expressa no objeto de nosso estudo. Sendo o esquema universal suas relações sempre se verificarão e apresentarão um panorama mais claro para a investigação dos elementos em questão.

Num primeiro momento é mais comum que tomemos a Árvore da Vida como esquema cósmico e divino. Com o estudo dos símbolos da árvore, com a prática da meditação e com as experiências obtidas e com o estudo dos textos relacionados ao tema nossa compreensão sobre os elementos da árvore e de toda a Cabala Simbólica crescerá e se ampliará e poderemos, então, perceber claramente a aplicação destes símbolos e destes sistemas em vários outros âmbitos.

Este é um processo lento e que depende grandemente da intuição. Aliás, todo o estudo da cabala depende do desenvolvimento da intuição. Mas o próprio estudo e o próprio método da cabala tratarão de despertar esta intuição. E neste sentido a Cabala Prática é essencial para a boa compreensão de todo o sistema.

Não precisamos de mestres

Existem algumas armadilhas conceituais propagadas pela comunidade esotérica e espiritualista que atrasam e trazem confusão para os estudantes que estão iniciando a sua jornada e com as quais você deve estar atento. São pequenas mentiras ou meias-verdades disfarçadas de ditados e ensinamentos profundos. São, em geral, verdade enquanto compreendidas dentro do seu contexto correto, mas que nunca são utilizadas dentro deste contexto. A primeira destas é a ideia de que o estudante que trilha o caminho ocidental não precisa de um mestre ou de um professor.

Isso é um erro. Todos nós precisamos de um professor. Aliás, de vários professores cada um em sua especialidade. E a primeira coisa que um aspirante aos Mistérios deveria fazer e estabelecer o contato e a relação com seus professores pois sem eles ele não conseguirá progredir no caminho.

Mas há que se refletir, aqui, sobre dois pontos.

O primeiro é o fato do ocidental de modo geral não saber ser aluno. Nós somos arrogantes e orgulhosos e não temos internalizada em nossa psiquê a reverência necessária para nos qualificarmos como bons alunos, a abertura para confiar em uma outra pessoa e colocar nas mãos dela nosso progresso e aprendizado em uma área de conhecimento. Quando buscamos um professor, para qualquer matéria de estudo que seja, nós o avaliamos de todas as formas até estarmos convencidos de que ele está suficientemente preparado e merece nos ensinar. Se refletirmos por um instante no que seria uma relação professor-aluno ideal iremos perceber que está muito distante desse tipo de atitude. Mas assim somos e precisamos considerar isso quando analisamos o problema da necessidade de termos professores que nos guiem e nos orientem no caminho esotérico.

O segundo ponto em que devemos refletir é que nos tempos atuais nosso professor não precisa, necessariamente, estar presente e estabelecendo algum tipo de relação pessoal conosco. Nós já estamos vivendo o processo de eterialização do plano material e isso se reflete em todas as esferas da sociedade incluindo as relações e métodos de ensino. Podemos nos relacionar com nossos professores então através de fóruns na internet, através de vídeos e, pelo meio mais tradicional de todos, através dos livros. É necessário termos professores, mas estes não precisam ser nossos conterrâneos ou mesmo nossos contemporâneos. Basta que tenhamos acesso a sua obra através de alguma mídia e que estabeleçamos uma relação mínima de respeito e confiança com eles dedicando-nos a estudar e praticar suas instruções, debatendo nossas dúvidas com outros estudantes e nos comprometendo a compreender e a dominar aquilo que eles estão, através destas mídias, nos ensinando.

É por isso que tantos Mestres da Tradição Esotérica Ocidental escreveram tantos livros. É essencial que sejamos instruídos por professores qualificados para conseguirmos adentrar e progredir no estudo do esoterismo ocidental, mas nós podemos estabelecer esta relação de forma mais inteligente e mais adequada a nossas inclinações e temperamento utilizando todos os recursos de que dispomos atualmente.

É possível encontrar Iniciados e Adeptos contemporâneos dispostos a ensinar e você pode estabelecer uma relação professor-aluno diretamente e até de forma presencial. Mas esta relação dificilmente será ideal já que nós não sabemos como nos relacionar com ela de forma saudável. Nestes casos quando dispomos de uma pessoa disposta a nos ensinar é melhor que estabeleçamos com ela uma relação de tutoria onde ela nos orienta e nos esclarece acerca de pontos específicos dos ensinamentos de algum outro Mestre mais antigo e mais tradicional. De certa forma a relação professor-aluno se estabelece, mas a fonte de conhecimento recai sobre os textos ou os ensinamentos mais tradicionais enquanto o tutor atua como um facilitador para a compreensão e a aplicação destes ensinamentos. Para a grande maioria dos Adeptos do caminho ocidental em nosso tempo esta é a forma mais saudável de estabelecer relações de orientação direta e presencial.

Um ponto que alicerça essa resistência do estudante ocidental em ser instruído por um professor é o que tange a liberdade. Existe o temor de que o professor cerceie nossa liberdade, nosso ritmo, nossa livre expressão. Isto está, de certa forma, correto. Mas todo cerceamento proposto por um professor legítimo tem o intuito de ajustar o foco de estudo de seu aluno e de guia-lo por um caminho mais acertado dentro da meta almejada por ambos. A livre expressão de ideias e desejos não cabe ao estudante enquanto aluno já que a grande parte delas não terá relação com seu estudo e só fará desvia-lo de seu propósito. Afinal, o aluno ainda não é capaz de ver amplamente seu objeto de estudos e desconhece o caminho conceitual que está trilhando pelo simples fato de não o tê-lo trilhado ainda. O cerceamento de seu professor lhe poupa tempo e lhe confere foco e direção. Então, a rigor, a liberdade é sim limitada, mas para um propósito justo.

Esse anseio de "fazer do seu jeito" sem antes ter conhecimento e domínio necessário para isso é o que faz com que muitos estudantes andem em círculos e se percam em suas teorias e ideias errôneas. Por fim, a parcela destes que não perde o interesse pelo caminho esotérico cria todo um modelo de teorias, empilhando conceitos e sofismas com o simples objetivo de mentir para si mesmos tentando justificar a falta de resultados concretos e factuais de seus estudos e do enorme tempo perdido. Alguns são bastante habilidosos nisso a ponto de convencer a tantos outros estudantes. E tudo isso porque tentaram "fazer do seu jeito" antes de aprender a fazer corretamente. Como se diz no oriente "antes assimilamos a forma para depois abandonarmos a forma".

Há aqueles que são dotados de uma inclinação natural ao auto-didatismo. Mas todo autodidata reconhece a importância de ter um professor. Um autodidata não "faz do seu jeito". Ele simplesmente percebe que seus professores podem estar nos livros e nas mídias a sua disposição e trata estas fontes de ensinamento com igual respeito e disciplina que teria com um estudo formal em uma relação presencial com um professor.

Como dispomos de muito material herdado dos Mestres mais antigos temos a possibilidade de escolher os professores mais adequados para cada tema de estudos e para nossas próprias inclinações. Você deve pesquisar sobre a Tradição Esotérica Ocidental como um todo e escolher quais serão seus professores para certas áreas específicas. Melhor que não sejam muitos e mais sensato que não sejam de linhagens conflitantes. Tendo escolhido seus professores dedique-se ao estudo e a prática de sua obra e estabeleça com ele a relação de respeito e confiança que se espera de um aluno para com seu professor. Seja um bom aluno. E antes de tentar fazer do seu jeito aprenda a fazer do jeito certo.

Quando o discípulo está pronto o mestre aparece

Um desdobramento do erro de achar que não precisamos de professores no caminho ocidental é a ideia de que "quando o discípulo está pronto o mestre aparece". Esta frase contém certa verdade, mas é sempre utilizada fora do seu contexto correto. É então uma idéia equivocada. Nós não sabemos ser discípulos então este "mestre" citado nunca aparecerá.

O "estar pronto" como discípulo não é um processo passivo e natural que surge organicamente em nossa psiquê. Este é um estado consciencial que deve ser aprendido e exercitado. Ao mesmo tempo em que somos irreverentes e arrogantes perante nossos professores nós temos a tendência de sermos demasiadamente subservientes enquanto discípulos. A ideia de "discípulo" e de "mestre" no ocidente está fortemente associada a forma com que as religiões de massa trabalham sua relação com seus deuses. Afinal, talvez o único momento em que ouvimos estas palavras inseridas em nosso vocabulário é quando nos são citadas passagens bíblicas do "mestre" Jesus e de seus "discípulos". E a partir do conceito propagado pelas religiões de massa é dever do discípulo para com seu mestre o de seguir, de servir, de obedecer cegamente e de sacrificar sua vontade e livre-arbítrio gerando inexoravelmente uma relação de servidão e culto. Este conceito constitui uma barreira imensa se desejamos de fato aprender a sermos discípulos.

Este conceito de "mestre" e "discípulo" alimentado pelas religiões de massa tem muito pouco haver com a perspectiva da tradição esotérica. Neste caso melhor que observemos como os orientais lidam com esta relação mestre discípulo. A relação sempai-kohai presente em todas as áreas de ensíno japonesas, e que pode ser observada facilmente nas artes marciais mais tradicionais deste país, são um excelente exemplo e um bom parâmetro de comparação quando buscamos estabelecer o que é uma relação saudável entre mestre e discípulo. De fato, precisamos revalorizar estas palavras e compreender que um mestre é simplesmente um professor e que um discípulo é simplesmente um aluno.

Temos, hoje, estes conceitos em extremos opostos. Não temos o devido respeito por nossos professores enquanto temos respeito demasiado por nossos mestres. A visão mais correta está no centro destes extremos. A relação mestre-discípulo é a mesma relação professor-aluno entendidas de forma equilibrada. Aprender a ser discípulo é aprender a ser aluno e é, por conseguinte, aprender a ser professor e mestre.

E quando aprendemos a sermos discípulos, quando estamos prontos neste estado de compreensão do que é uma relação saudável com nossos professores, então seguindo aquela ideia exposta anteriormente "o mestre aparece". Não. Este é outro evento que não surge espontaneamente.

O mestre é o professor e sua presença é necessária para o avanço na tradição esotérica. Mas para estabelecermos uma relação com um professor precisamos antes busca-lo e encontra-lo nós mesmos. Cabe a discípulo encontrar seu mestre. Então cabe a você encontrar ou eleger os professores que o guiarão pelo estudo do esoterismo ocidental tendo em vista tudo o que já foi apresentado sobre a relação professor-aluno. Mesmo os mestres falando conosco através de livros e outras mídias somos nós que devemos encontra-los e não o oposto. Empreender esta busca é prova de que estamos preparados como discípulos.

Mas existe um mestre especial que devemos buscar o contato acima de todos os outros, mesmo que só o encontremos em um estágio mais avançado do caminho quando já tivermos estudados com muitos outros mestres. Este não é um mero professor, um autor antigo de nossa tradição ou um Iniciado que aceitou o nos tutelar, mas sim algo mais profundo, algo mais sutil, algo mais espiritual. Este é o mestre ideal. Um dos aspectos do nosso próprio Espírito que se manifesta para nós com intuito de nos instruir em alguns aspectos do nosso desenvolvimento interior. Algumas linhagens chamaram este mestre de Adonai, outras de Daimon, outras de Sagrado Anjo Guardião e tantos outros nomes. Eu costumo chamar simplesmente de Mestre Interior.

O Mestre Interior é uma manifestação de nosso Espírito, daquilo que somos de fato, da nossa Consciência Livre, do nosso Real Ser. Contudo é injusto dizer que é uma parte de nós mesmos. O estado psicológico atual em que nos encontramos é de extremo distanciamento daquilo que deveríamos ser de fato. Existem muitas camadas de obstáculos psicológicos e anímicos nos separando do nosso Espírito primordial, de nossa Consciência Livre, e entender e trabalhar sobre este problema é uma grande parte do ofício na Tradição Esotérica Ocidental. Então no estado atual em que nos encontramos nós não somos o que deveríamos ser de fato, nosso Espírito, nosso Real Ser. E mudar isso é um trabalho árduo para muitos anos. Ainda assim é possível, através de certas operações e eventos, que partes do nosso Espírito consigam se manifestar para nós. Como estamos distantes dele estas partes manifestam-se como algo externo a nós mesmos. E esse é o caso do nosso Mestre Interior.

Conceitualmente o Mestre Interior é uma parte de nosso próprio Ser assim como nós mesmos o somos, mas ao se manifestar para nós ele o faz com algo separado. E para conquistarmos este contato precisamos busca-lo, precisamos provoca-lo, precisamos trabalhar intensamente para que ele aconteça. E de certa forma é nossa relação com nossos professores ou mestres externos o que preparará as fundações para um futuro contato com nosso Mestre Interno.

Então é claro que a ideia tão amplamente propagada de que "quando o discípulo está pronto o mestre aparece" é equivocada de muitas formas. Ou é mal compreendida. E isso tem feito com que muitos estudantes se acomodem e deixem de se lançar a um trabalho que precisa ser feito na esperança de que se esperarem pacientemente algum dia o Mestre aparecerá.

Não... ele não virá. É você que deve ir até ele. Então abandone o conforto e a preguiça e vá ao seu encontro.

Nós somos deuses

Outra armadilha conceitual que aprisiona muitos estudantes é a ideia de que "nós somos deuses". Não, não somos. Não somos deuses imperfeitos. Não somos deuses em ascensão. Não somos deuses que esqueceram. Não somos deuses adormecidos. Não somos deuses, mas podemos ser. Todos nós temos este potencial. Mas para realiza-lo precisamos compreende-lo e trabalhar sobre ele.

O primeiro ponto a ser observado é que nós não sabemos quem somos nem o que somos. Estudar a si mesmo, investigar a si mesmo, observar a si mesmo com senso crítico e olhar acadêmico não faz parte do nosso movimento psicológico natural. Nós desconhecemos a nós mesmos. È completamente errônea então qualquer afirmação acerca de nós mesmos enquanto não nos conhecermos profundamente.

Também nosso conceito de "deus" deve ser observado. Uma ideia envolta em crenças e superstições e mantida sem qualquer evidência concreta ou experimentação direta de nossa parte. Nós acreditamos no que fomos educados ou doutrinados a acreditar e nem sequer percebemos o quão superficiais e ignorantes somos acerca deste conceito. Alguns espiritualistas chegam até a considerar a crítica sobre a existência ou a realidade de deus e dos conceitos relacionados a esta ideia algo incompatível com a busca espiritual. Uma espécie de tabu.

O caminho do esoterismo ocidental é o de não acreditar, mas sim o de saber. Tudo é estudado. Tudo é criticado. Tudo é testado. Tudo é experimentado. Tudo é avaliado para que se prove verdadeiro ou não por si mesmo. E isto se aplica a toda classe de conceitos, de ideias e de ensinamentos que absorvemos ao longo de nossa jornada. Mesmo aqueles que nos parecem factuais mais pela força de sua tradição do que pela observação direta de sua realidade. Não se trata de duvidar simplesmente. A dúvida é meramente a outra face da crença. Trata-se de não se satisfazer nem com a dúvida e nem com a crença. Trata-se de querer conhecer. De querer saber.

Na Tradição Esotérica Ocidental nós não acreditamos em deus.

Nós não precisamos acreditar. Nós sabemos. Nós o experimentamos de forma concreta. Mas antes disso nós estudamos, nós investigamos, nós testamos, nós aprendemos, nós exploramos. A crença é, dentro do esoterismo, uma ferramenta bastante útil para o início da jornada, mas que deve ser descartada o quanto antes. Por isso o caminho é formado por experimentações constantes para que tudo aquilo que aceitamos como crença em um primeiro momento deixe de sê-lo e converta-se em experiência direta e conhecimento factual. E esta é uma atitude praticamente inexistente no espiritualismo contemporâneo... principalmente no que se refere à divindade.

Mas não é necessário ir tão longe. Para aqueles que acreditam serem deuses basta que lhes peça para produzir algum milagre, que lancem raios pelas mãos, que transformem água em vinho, que se transmutem em um cervo ou algum outro animal, ou qualquer outro feito atribuído aos deuses dos vários panteões. Nem sequer os efeitos mais sutis são para nós acessíveis. Isso por si só deveria bastar para refletirmos sobre a arrogância e a ingenuidade contidas em algumas afirmações espirituais que propagamos tais como esta de que somos deuses.

Nós somos seres espirituais vivendo uma experiência material. E somos, a rigor, a manifestação de um Espírito que é em si divino. Mas estamos tão distantes dele, separados por estas várias e várias camadas de obstáculos psicológicos e anímicos, que somos na prática seres distintos de nosso Espírito enquanto natureza. Dada esta separação nosso Espírito é incapaz de expressar sua divindade. E dissolver estas camadas, estes obstáculos que nos separam de nossa verdadeira essência divina e reestabelecer este contato com aquilo que somos de fato, com nosso Espírito, com nosso Real Ser, com nossa Consciência Livre, é justamente o propósito último almejado por todos os sistemas empregados por todas as Escolas de Mistério ao longo de toda a história de nossa Tradição Esotérica Ocidental.

Só então nós poderemos ser deuses de fato. Só então nós poderemos conquistar este estado. Mas para isso muito trabalho deve ser feito. E a partir de todo este empreendimento uma transformação radical deve ser provocada e deve ocorrer em nós mesmos. Uma transformação profunda que nos fará deixar de sermos o que somos para nos tornarmos algo novo. Uma transformação que vai além das crenças e valores, que vai além das atitudes e da personalidade, que vai além dos sentimentos e da mente. Uma transformação verdadeira e profunda. Uma transformação de algo humano para algo divino. Uma verdadeira Revolução em prol da nossa verdadeira Consciência.

Para gerar tal transformação existem fórmulas e segredos... existe toda uma tradição de Mistérios e chaves... e toda essa jornada é alicerçada e expressa na prática da Magia. Os primeiros graus de aplicação da magia são bastante acessíveis. Mas os efeitos e resultados mais profundos só serão obtidos se você conquistar o preparo e o conhecimento oferecido pelo esoterismo ocidental como um todo. Afinal, a Magia é a prática da Tradição Esotérica Ocidental.

Vampiros

Como todos sabem vampiros são criaturas que sobrevivem alimentando-se da vitalidade dos seres humanos. Sua natureza exata e a forma com que eles absorvem esta vitalidade variam conforme a lenda que tomamos como base, mas a versão mais conhecida é, com certeza, a popularizada por Bram Stoker onde o vampiro é um morto-vivo que absorve a vida de suas vítimas bebendo o seu sangue.

Mas como as histórias costumam não ser meramente histórias podemos encontrar ocultas entre os vários aspectos da lenda do vampiro várias pistas que nos levam a lições de simbologia e de magia.

O vampiro é constantemente retratado de forma sedutora e luxuriosa apresentando a primeira e mais óbvia relação metafórica que podemos delinear em torno do mito do vampiro: o sexo. Talvez isso pareça estranho para alguns, mas os mais atentos fãs de filmes de terror já devem ter reparado as semelhanças entre o beijo do vampiro e o ato sexual. O êxtase orgástico sentido pelas vítimas durante o beijo é a primeira dica. O olhar hipnotizante e fascinador do vampiro sobre suas vítimas do sexo oposto é a mais uma. Por fim temos o crescimento dos dentes como óbvia alusão à ereção decorrente de uma excitação sexual. Todo o processo do beijo vampírico é um grande símbolo para o ato sexual.

Mas e o sangue? Este é o cerne da questão. Toda a caçada e posterior domínio da presa humana pelo predador da noite tem por objetivo sorver seu precioso líquido vital. O sangue escorre pela pele das vítimas simbolizando o próprio sêmen derramado no fim do ato sexual. Eis a liberação da energia vital que pode agora ser sorvida pelo vampiro alimentando e fortalecendo sua natureza demoníaca e inumana. Este momento crucial marca a morte da vítima ou sua condenação eterna à condição de seu algoz. E neste momento presente em todas as histórias envolvendo este mito os olhos dos filósofos podem contemplar a alusão simbólica para o maior segredo dos magos.

Observado sob uma ótica hermética o vampiro é um excelente símbolo para o desejo. O desejo presente em todo o ser humano constitui uma grande força, um grande centro de poder, que dá ao homem segurança e domínio sobre o mundo ao seu redor. Mas, ao mesmo tempo, o desejo constitui a grande armadilha que destitui o homem de seu posto de imperador do mundo material convertendo-o no mais submisso escravo. O desejo esconde, em verdade, o maior poder concedido pelos deuses ao homem: a energia sexual. Esta é a energia por traz do desejo. Esta é a energia por traz da libido. Esta é a energia por traz de toda a sensorialidade, prazer e gozo. O eixo da roda que gira e move o mundo. O ponto central disto que chamamos sexo.

Ser fascinado pelo vampiro é deixar que este se alimente de nossa própria energia vital. É ser hipnotizado pelo nosso próprio desejo, tornando-se escravo dele, e deixando que nossa energia sexual se esvaia nos momentos de êxtase do beijo da morte.

O êxtase é sentido, as presas estão prontas, e é este o momento chave para converter-se em lacaio ou para tornar-se o senhor dominando a besta sedutora. Sentir os prazeres da noite sem deixar que o sanguinis vitae escorra para os lábios do inimigo é o grande desafio de todo aquele que busca o poder sobre a vida e o mundo.

E este é justamente o segredo retratado no beijo do vampiro. Este é o ponto central do símbolo mágico e esotérico ensinado por este personagem e pelo seu mito. E se este simbolismo for compreendido toda a história do vampiro toma uma nova dimensão ensinando de maneira metafórica vários segredos relacionados ao esoterismo e ao poder mágico guardado em todo o homem para o domínio da natureza.

Por traz de todo mito há um grande ensinamento simbólico ali guardado. Muitos mitos também guardam, além de sua porção simbólica, aspectos mais reais.

Vampiros não existem, não é mesmo? Então como explicar a presença do mito do vampiro em várias culturas ao longo de toda a história mantendo sempre as características fundamentais?

Vários ocultistas apontam que o mito do vampiro guarda, dentre poucas distorções, a descrição de um processo mágico e ritualístico que confere ao mago uma conexão mais real com as forças obscuras e os poderes da noite. Sob esta perspectiva todos os símbolos envolvendo os poderes mantidos pelos vampiros e o próprio beijo vampírico apresentam narrações reais ou bem próximas da realidade.

Mas talvez cogitar a idéia de um vampiro real seja ir um pouco além do bom senso. Seria a realidade do mito do vampiro possível? Segundo os vários fenômenos e operações que podemos verificar pela ciência mágica podemos dizer que sim. Mas essa é uma outra história...

Sexo e magia sexual

Talvez não exista prática humana mais envolta em crenças, tabus, medo e desconhecimento do que o sexo. Nem sequer possuímos uma educação formal quanto aos aspectos de nossa sexualidade que possa ser considerada saudável e construtiva. O sexo é um incômodo social e falar sobre ele, discutir abertamente os aspectos de sua prática, suas conseqüências e sua real posição na formação e na vida do ser humano é prática que não encontra foro em nossa vida cotidiana. Mesmo sendo um ato tão natural quanto a alimentação ou a respiração o sexo é sempre tratado como algo a parte.

O peso dos séculos de crenças e tabus criados por pensadores cristãos, que sequer se dedicavam à prática sexual, ainda mostra suas marcas em nossos dias de informação e esclarecimento científico. O próprio conceito de pecado inventado por estes pensadores com toda sua carga opressora e aprisionadora tem como alvo principal o sexo. Mesmo as pessoas que se julgam liberadas de tais conceitos e crenças podem ser observadas mantendo idéias que aliam o sexo a algo impuro e condenável ou adotando atitudes que buscam contrariar a proposta condenatória cristã sem perceber que ela ainda é a referência.

O pecado não existe e o sexo é algo perfeitamente natural. Mas isso só pode ser percebido além do mero conceito pela reflexão individual sobre o assunto. Essa reflexão sobre o que é o sexo, qual seu papel em nossas vidas, no que ele acarreta e quais suas conseqüências psicológicas deve ser o ponto de partida para qualquer atividade que tenha o sexo como um elemento integrante. Também deve ser alvo de profunda reflexão e estudo tudo o que envolve o ato sexual em si começando pelos próprios órgãos sexuais e ampliando a observação aos aspectos mais sutis que envolvem a percepção sensorial em toda a sua extensão. O conhecimento físico constitui base para o estudo e a reflexão interior observando a relação do sexo com o prazer e com a dor, com as emoções, com os estados de ânimo e com a própria relação que formamos com o mundo que nos cerca.

Esta mudança de atitude perante o sexo, este empreendimento

em investigar essa magnífica fonte de transformação e de poder inerente à constituição humana, nos mostrará de forma simples que o sexo em seus vários aspectos pode ser direcionado para gerar transformações de reintegração no homem que se estendem a fronteiras que estão muito além da mente alcançando aspectos interiores muito mais profundos.

O sexo pode ser aplicado para fins espirituais. Este é o fundamento da prática chamada magia sexual. Esta prática tem como ponto de partida a tomada de consciência do sexo em todas as suas facetas e segue por um caminho de auto-descoberta e de domínio de fluxos e impulsos naturais presentes em todos nós capazes de nos conectar com os princípios mais profundos de nossa existência psicológica, anímica e espiritual.

Existem várias técnicas ou fórmulas de magia sexual e cada uma delas apresenta os requisitos e disciplinas básicas para aplicação do sexo com fins espirituais e mágicos. Esse já foi um ponto guardado em altíssimo segredo por círculos velados de estudos herméticos ou iniciáticos, mas atualmente, dada as influências de abertura da era em que vivemos, é amplamente e abertamente divulgado. Essa abertura e fácil acesso à informação é uma grande dádiva aos magos iniciados que já possuem alguma experiência na manipulação das forças ocultas da natureza, mas representa um grande risco para os iniciantes que ainda não possuem um preparo e uma maturidade mínima tanto intelectual quanto prática para instigar e controlar os fluxos naturais envolvidos nesses processos.

A fórmula do Arcano AZF conforme apresentada por Samael Aun Weor é, sem dúvida, a recomendada como foco de estudo e prática para todo estudante sincero que almeje de fato sua realização íntima. Conheço a técnica e os influxos sutis produzidos por outras fórmulas de magia sexual bem como suas vantagens e desvantagens e é bastante claro para mim que a aplicação mais autêntica da magia sexual em nossa tradição se dá pela fórmula do Arcano AZF. Não apenas o estudo detido do esoterismo mostra que esta fórmula esteve presente em várias Escolas de Mistérios como a própria prática comprova sua eficácia. Mas existem, claro, os caminhos corretos para que sua aplicação apresente resultados reais e perceptíveis. O Arcano AZF vai muito além do coitus reservatus.

A fórmula escolhida para a prática da magia sexual é determinante para todos os aspectos da jornada constituindo uma via exigente com seus requisitos próprios e, principalmente, com sua corrente invisível que influi sobre o mago sexual. Cada praticante de magia sexual, ao iniciar seu trabalho, é adotado por um grupo de mestres invisíveis, normalmente ignorados pelo próprio mago, que o auxiliam e direcionam seu progresso dentro da via escolhida. Diante dessas percepções, da seriedade deste tipo de trabalho, das profundas e drásticas conseqüências sobre a vida espiritual e material do praticante e principalmente sobre sua constituição e equilíbrio psicológico a escolha da fórmula ou via de prática é de extrema importância e deve ser fruto de profunda reflexão por parte do estudante. É muito melhor abster-se deste tipo de trabalho do que lançar-se temerariamente a ele de forma irresponsável.

Obviamente o estudante não deve tomar isso como uma desculpa para o medo ou para as naturais resistências impostas pelo seu ego. A magia sexual é o caminho definitivo para que o homem alcance a perfeição em todos os seus aspectos e obviamente existe uma enorme gama de forças e inteligências que não tem qualquer interesse em sua adesão a esse tipo de prática. Esses inimigos invisíveis usam muitas armas para impedir que um estudante se lance ao trabalho sério de busca de auto-perfeição turvando sua mente e usando seu próprio ego contra ele mesmo. E instigando-o a trair os princípios da fórmula e do caminho que escolheu. Essa é a primeira grande prova que testa o valor do mago que deseja praticar a nobre arte da magia sexual.

Níveis de sexualidade e as bases da magia sexual

Algumas literaturas modernas que tratam do tema da magia sexual costumam classificar a relação que formamos com nossa sexualidade em três grandes níveis: infra-sexualidade, sexualidade normal e supra-sexualidade. Este último representa o estágio necessário para a prática adequada e positiva da magia sexual. Então entender de forma clara o que representa cada um destes estágios é essencial para a obtenção de sucesso na busca da realização espiritual através do sexo.

Cada praticante de magia sexual entende esses termos de maneira diferente, mas as classificações e definições atribuídas a cada um destes níveis de relação com a sexualidade acabam convergindo em um âmbito mais geral.

Uma sexualidade normal é a que se desenvolve da maneira mais natural possível de acordo com a constituição atual do ser humano. Podemos levantar uma série de questionamentos sobre o estado atual do ser humano e sobre a naturalidade com que ele conduz sua sexualidade, mas se deixarmos de lado as teorias filosóficas e refletirmos sobre o que cada um de nós espera do ato sexual a questão se torna muito mais simples. A forma mais natural de expressão da sexualidade é aquela onde existe o contato sexual entre homem e mulher resultando na plena satisfação de seus anseios. Uma sexualidade normal implica em prazer de ambas as partes sem qualquer tipo de repressão, de medo ou de culpa. Uma sexualidade normal é livre de conceitos e não representa qualquer tipo de negação. É a livre expressão do homem e da mulher em perfeita integração durante o ato sexual.

O sexo dentro dessa perspectiva pode ser visto como uma fonte de prazer, de satisfação ou mesmo de realização de certos anseios psicológicos. Pode ser visto, também, em seu aspecto mais fundamental relacionado à reprodução. Não há, aqui, qualquer regra relacionada ao orgasmo, à ejaculação ou a formas específicas de condução do ato sexual que não os limites expressos e aceitos de forma natural entre os parceiros de acordo com sua individualidade.

Todo impedimento ou desvio do sexo de sua expressão natural e espontânea caracteriza o nível de infra-sexualidade.

Muitos professores ou autores já se dedicaram à classificação de tais desvios, mas não encontrei até o momento alguma que fosse realmente isenta da moralidade da época ou de influências de conceitos e idéias derivadas de tabus cristãos. Muito do que a moralidade cristã condena como impuro é perfeitamente natural durante a prática saudável e livre do sexo. Assim classificações externas não tem outra utilidade que formar um dogma em torno da prática sexual recaindo na categoria de infra-sexualidade.

Desconheço corrente de pensamento mais prejudicial e antagônica à prática de uma sexualidade sadia e normal do que o cristianismo em todas as suas vertentes. É curioso notar que muitos estudantes gnósticos se classificam como cristãos sem sequer perceber quão absurda é essa afirmação já que o cristianismo está em direta oposição ao gnosticismo. Estas duas correntes compartilham alguns textos e mitologias, mas a leitura e a aplicação feita por cada uma delas é oposta. Dentre as idéias cristãs mais danosas e intrinsicamente aliadas à infra-sexualidade está a crença na existência do pecado. Em torno dessa crença perambulam várias outras como a idéia de impureza da masturbação, de anti-naturalidade do orgasmo e da ejaculação, de negação do prazer, da fornicação em todos os seus conceitos, da virtude do pudor entre tantos outros absurdos que poluem a mente e entorpecem a razão. A simples presença desses falsos conceitos perverte e aprisiona a prática do sexo limitando a expressão livre do homem e da mulher conduzindo-os à infra-sexualidade.

A repressão em seus vários aspectos é a principal e mais comum forma de infra-sexualidade. Mas se observarmos as formas de prática sexual em níveis mais instintivos e animalescos podemos identificar muitas outras ações evidentemente infra-sexuais. Todo ato de humilhação, de degradação, de tortura e de desrespeito ao parceiro é claramente de natureza infra-sexual.

Também segue o caminho da infra-sexualidade toda imposição de regras externas de conduta para o ato sexual.

Enquanto a limitação da sexualidade normal conduz à infra-sexualidade sua afirmação e o aprimoramento de suas características fundamentais conduz à supra-sexualidade.

É certo que o sexo traz realização psicológica e é fundamental para a constituição positiva de várias virtudes como a auto-estima e a auto-confiança. Mas refinando e aprimorando esta prática pode-se chegar a um nível de realização muito mais profundo alcançando os próprios anseios anímicos e espirituais dos parceiros.

Este aprimoramento do sexo rumo às formas de satisfação e realização mais profundas pode ser entendida como uma imersão psicológica no próprio ato sexual. Neste processo a doação de cada parceiro se torna cada vez maior a medida em que o ato sexual deixa de ser meramente físico e passa a ser cada vez mais emocional e psíquico aumentando gradativamente a integração dos parceiros em níveis cada vez mais profundos. Novas fontes de prazer são reveladas somando-se aos sentidos físicos e novos níveis de satisfação são conquistados ao longo do ato sexual que já não é mais um ato puramente sensorial, mas sim uma união anímica. Estes níveis profundos de integração sexual, de obtenção de prazer e de satisfação caracterizam a supra-sexualidade. Neste estado o casal pode experimentar através do sexo experiências verdadeiramente espirituais.

É na prática supra-sexual que se obtém o estado necessário para o trabalho efetivo e correto da magia sexual.

Supra-sexualidade e magia sexual não são a mesma coisa. Mas em geral uma acaba se confundindo com a outra dado o nível verdadeiramente espiritual que a prática da supra-sexualidade pode atingir.

Supra-sexualidade é a máxima integração dos seres dedicados ao ato sexual em todos os níveis de sua existência, mas sem ter necessariamente um propósito outro que não a obtenção de prazer e satisfação em seu mais alto grau. A magia sexual se caracteriza pela condução consciente e voluntária de todas as potencialidades despertadas durante a prática no estágio supra-sexual para a concretização de uma transformação específica sobre a natureza interna ou externa. Dado o alto grau de desprendimento das potencialidades psíquicas dos parceiros nos graus mais elevados da prática supra-sexual as transformações provocadas pela aplicação de técnicas de magia sexual podem ser de qualquer natureza podendo, até mesmo, gerar certos prodígios de natureza física.

O foco principal da prática da magia sexual visado por quase a totalidade dos praticantes é o máximo desenvolvimento de suas capacidades interiores. Mas obviamente não existem regras aplicáveis tanto à prática da supra-sexualidade quanto à prática da magia sexual nesse contexto já que esta é, por definição, a máxima expressão da essência divina dos parceiros durante o ato sexual. A imposição de qualquer regra nesse ponto perverteria todo esse estado em um nível muito profundo de infra-sexualidade já que representaria o aprisionamento do espírito virginal dos praticantes.

O grande erro cometido por todos que iniciam sua prática na magia sexual é tentar abraçar uma perspectiva que é eminentemente supra-sexual enquanto seu nível de compreensão e sua relação com o mundo é ainda infra-sexual. Cada um destes estágios deve ser vivido pelo estudante de forma plena até que ele aprenda de forma gradual e natural a supra-sexualidade.

O caminho para a supra-sexualidade

A prática da magia sexual em seu grau mais efetivo tem como pré-requisito fundamental alcançar uma relação superior com sua própria sexualidade ou conquistar um estado físico e psicológico adequado para a aplicação saudável e frutífera da fórmula escolhida. Mas este requisito tão fundamental é totalmente ignorado pela grande maioria dos estudantes que almejam à prática e os resultados prometidos pela magia sexual.

Despreparados e normalmente sem uma boa orientação tais estudantes, ao tomarem conhecimento das técnicas de magia sexual, se lançam à pratica sem terem conhecimento e maturidade para sua aplicação. No melhor das hipóteses a prática é infrutífera normalmente convertendo-se em um dogma religioso envolto pelos falsos conceitos de pecado, de condenabilidade da fornicação e de pureza do desenvolvimento espiritual pela castidade. Conceitos estes comuns dentro do pensamento cristão e originalmente forjados justamente para impedir que o homem conhecesse ou tivesse sucesso na prática de busca de realização espiritual pela via sexual.

Como pode um estudante que nem possui uma vida sexual ativa querer obter algum resultado positivo em uma arte tão exigente e refinada que tem no domínio do sexo em suas facetas mais sutis sua matéria-prima? Como pode um estudante que sequer experimentou o sexo como ele é, em toda sua expressão e poder instintivo, querer redirecionar este impulso que ele desconhece para uma finalidade espiritual que para ele é apenas um conceito e ainda esperar algum sucesso? Como pode o praticante querer impor crenças e idéias intelectuais à força primitiva mais poderosa que ele carrega dentro de si, o sexo, e esperar que isso não cause danos a sua constituição psicológica? Como espera um estudante controlar algo que desconhece totalmente e, o que é pior, que teme?

A precipitação, a imaturidade e a pressa do estudante o empurram para um verdadeiro abismo psicológico onde cai prisioneiro de seu próprio ego julgando, apesar de tudo, estar seguindo um caminho de luz e liberdade.

A chave para se conseguir aplicar a fórmula do Arcano AZF de forma saudável e eficaz está na correta compreensão dos três níveis de sexualidade e, principalmente, no entendimento de como alcançar a supra-sexualidade.

Esta classificação da sexualidade em três níveis é puramente didática e serve antes para estabelecer parâmetros de referência do que um sistema exato de classificação. Entre cada um dos três estágios existem inúmeros outros e a transição entre eles não é algo perfeitamente linear.

Tomados de forma geral esses estágios estabelecem níveis naturais e subseqüentes em uma espécie de escala de aprimoramento e de profundidade da prática sexual. Nos estágios infra-sexuais mais baixos atendemos apenas aos impulsos mais instintivos e puramente egóicos. Em estágios mais elevados já desenvolvemos alguma interação emocional, mas ainda estamos presos a dogmas e regras impondo nossa visão pessoal ao ato sexual desrespeitando assim a liberdade de nosso parceiro. Alcançando uma sexualidade normal não mais impomos nossa visão, mas nos expressamos naturalmente e usufruímos da expressão de nosso parceiro experimentando o prazer físico de forma livre. Em um próximo estágio de aprofundamento da sexualidade normal nos interessamos cada vez mais pela satisfação de nosso parceiro tendo o prazer como uma meta coletiva e não mais individual. Buscando um nível ainda mais profundo de integração, nos abrimos emocionalmente e buscamos o prazer sexual além do mero contato físico. Alcançando a supra-sexualidade nos integramos ao parceiro entendendo-o não mais como mero colaborador de um único ato sexual, mas como alguém integrado a nós mesmos em níveis que vão muito além do contato físico. Em estágios mais profundos passamos a perceber nosso parceiro como parte de nós mesmos e nossa percepção se volta totalmente para as sensações mais subjetivas e abstratas. A integração total se dá em um estado de êxtase e plenitude onde não existe mais a noção de individualidade entre os parceiros ou mesmo entre nós mesmos e o mundo que nos cerca.

Esta escala de aprofundamento da prática sexual delineia um caminho a ser percorrido por todo aquele que almeja a supra-sexualidade. Cada estágio deve ser experimentado, aceito e compreendido. Durante a própria prática em um estágio o estudante vai gradativamente aprimorando sua relação consigo mesmo, com seu parceiro e com o próprio sexo. Não existe uma forma de transcender um estágio de sexualidade sem vivê-lo. O lento e gradual refinamento em cada estágio fará com que o praticante ascenda para estágios seguintes. Todo esse processo deve fluir da forma mais livre e natural possível já que é justamente a liberdade e a naturalidade o que se está buscando. Apressar ou pular algum estágio é aprisionar-se na infra-sexualidade. O caminho é de aceitação e de liberação gradual através da experimentação.

Alguns estudantes poderão levar muito tempo para alcançar a prática da supra-sexualidade de forma natural e isso poderá trazer a impressão de que não estão se dedicando à magia sexual. Mas não podemos esquecer que dedicar-se ao trabalho da magia sexual não se resume simplesmente a praticar a não-ejaculação ou a ritualizar o sexo com mantras e outros mecanismos. Praticar magia sexual é alcançar um estado de integração tão íntimo com o seu parceiro onde todos os corpos sutis se fundem conferindo verdadeiro poder mágico ao casal. Este é um estado que não se alcança forçando nosso organismo e nossa psique a estados que não estamos preparados para alcançar. A natureza não dá saltos.

A magia sexual é a arte de roubar o fogo do diabo e para fazer isso precisamos descer ao seu covil. O diabo é a libido, é a excitação sexual, é o desejo que homem e mulher devem sentir um pelo outro. Esta é a matéria-prima para todo o trabalho mágico do sexo. Essa liberação instintiva não deve ser algo mental. Esse é um estágio puramente físico e, de certa forma, egóico. Assim poderíamos dizer que o impulso inicial da prática sexual deve sempre ser de cunho infra-sexual já que dizem respeito ao instinto mais puro do sexo.

Tudo, no caminho da conquista da supra-sexualidade, deve ser gradual. Devemos começar de baixo e subir lentamente sem dar nenhum salto se desejamos seguir um caminho seguro. A chave para este trabalho está na antiga fórmula alquímica conhecida como Vitriol que recomenda ao alquimista a descida ao interior da terra e a busca pela pedra secreta por constantes retificações. Assim o primeiro passo é entrar no interior da terra em seu ponto mais baixo e obscuro e aceitar as trevas como elas são já que são parte de nós mesmos. A partir deste ponto tem início nosso trabalho de purificação constante trazendo a luz pouco a pouco.

Toda vivência do sexo em seus estágios mais fundamentais é de cunho infra-sexual. Isso deve ser aceito pelo estudante e vivido intensamente por ele. Esta é uma fase muito importante para o seu desenvolvimento pois é nela que ele se descobrirá em sua masculinidade ou feminilidade e desenvolverá as bases para sua a segurança interior. Nessa etapa as repressões devem ser eliminadas e o estudante deve abandonar todo tipo de pudor e moralismo. O estudante deve conhecer seu corpo e aprender o que lhe dá prazer. O orgasmo e o prazer devem ser aceitos em sua totalidade e toda culpa e medo devem ser extirpados. Este aprendizado pode levar algum tempo, mas adquiri-lo é fundamental para obter sucesso na magia sexual.

A liberdade e a consciência de seu próprio corpo conquistadas nas formas mais instintivas do ato sexual conduzem à prática da sexualidade em sua forma mais natural onde o estudante de magia sexual usufrui livremente do prazer e busca a satisfação de todos os seus anseios e desejos. Nesse processo surge a percepção de que o sexo não é algo egoísta, mas sim um ato que envolve dois seres com o mesmo objetivo. Obter prazer e dar prazer se confundem enquanto os praticantes descobrem a si mesmos em sua relação com o outro e os laços tornam-se cada vez mais sentimentais.

Este é o momento de investigar os aspectos mais profundos da sexualidade, de perceber o mecanismo físico e psicológico do prazer e de observar todo o processo que envolve a excitação e o orgasmo. Não deve haver qualquer dogmatismo ou moralidade pois isso traria novamente o estado infra-sexual. Todos os processos internos e externos devem ser percebidos de forma imparcial como eles são. Não há bem ou mal nesse estado, mas apenas os fatos como eles se apresentam. O que se aplica no processo de um estudante pode não ser válido para outro e, assim, tudo deve ser percebido diretamente como se apresenta para nós mesmos em nosso próprio paradigma.

A análise dos aspectos que envolvem o prazer e o orgasmo em conjunto com a gradual aproximação e integração do casal revelarão naturalmente a aplicação dos princípios da magia sexual. Tais princípios resumidos na prática da não-ejaculação devem ser conclusões naturais e óbvias das percepções e reflexões do casal. Assim a disciplina da magia sexual pode ser integrada perfeitamente à prática sexual pois foi percebida como algo natural e lógico por ambos. Somente estando em perfeita harmonia com o fluxo natural da relação estabelecida pelo casal é que a adoção de uma técnica ou fórmula externa não constitui impedimento à sexualidade normal. Neste ponto de integração e experiência o casal já começa a dar seus primeiros passos pela supra-sexualidade.

O processo para alcançar a supra-sexualidade e o pleno exercício da magia sexual se constitui em uma jornada de aprofundamento do ato sexual em si e de integração entre o casal. Assim a necessidade de um relacionamento estável é evidente. Toda vez que trocamos de parceiro sexual devemos desenvolver nossa integração com ele a partir dos estágios mais fundamentais desde a infra-sexualidade. Se a troca de parceiro é constante dificilmente alcançaremos o estágio de integração necessário à prática supra-sexual. Para que a relação se construa de forma adequada é necessário vivê-la em cada estágio de sexualidade mesmo para um casal com intensa afinidade natural. Só assim se desenvolve uma integração real e perfeita sem repressões ou restrições.

Obviamente não existe um tempo determinado para a vivência em cada estágio e cada casal deverá encontrar o seu próprio ritmo e o seu próprio tempo. No que diz respeito à prática sexual não devem existir regras sob quaisquer circunstâncias que não os limites e desejos naturais do homem e da mulher.

Mesmo entre os praticantes de magia sexual não devem existir regras, mas sim metas. Uma regra aprisiona a mente e desvirtua a prática sexual, mas uma meta estabelece um objetivo a ser conquistado. O praticante de magia sexual traça seu objetivo futuro, mas mantém seus olhos fixos no presente vivendo cada momento como ele é e tendo plena certeza de que assim estará construindo os alicerces que o conduzirão à conquista de sua meta.

A supra-sexualidade não é algo que se adota como disciplina, mas sim algo que se conquista através do trabalho lento e constante de compreensão e sublimação de nossa relação com o sexo e com nosso parceiro. Apenas quando conquistamos a supra-sexualidade podemos inserir disciplinas esotéricas em nossa prática sexual. Se o praticante não proceder desta maneira ele só trará danos à sua psique, à sua alma e ao seu espírito.

A via natural da magia sexual gnóstica

A prática da magia sexual e da supra-sexualidade é um dos pilares do sistema de iluminação do gnosticismo moderno, mas o que muitos estudantes gnósticos esquecem é que o próprio Samael Aun Weor experimentou em sua vida a necessidade de seguir esse caminho de forma gradual.

Quando Samael ainda era jovem ele conheceu a fórmula da magia sexual através da Fraternidade Rosacruciana Antiga e adotou esta fórmula como disciplina sexual. Praticou por muito tempo e não conseguiu nenhum resultado. Posteriormente abandonou a prática da magia sexual e voltou-se para a vida simples e comum casando e criando seus filhos. Como sua esposa também tinha interesse pelas práticas esotéricas ambos realizavam algumas experiências em conjunto como a prática da projeção astral. Em certo ponto de seu casamento Samael sugeriu a magia sexual a sua esposa e eles adotaram essa prática de forma gradual e sem grande compromisso. Algum tempo depois ocorreu uma experiência espiritual marcante na vida de Samael como fruto dessa prática. A partir de então ele iniciou sua longa jornada de divulgação e de aprimoramento das técnicas referentes à fórmula de magia sexual que denominou Arcano AZF.

A história de Samael nos mostra que ele tentou aplicar a fórmula do Arcano AZF de forma precipitada sem obter nenhum resultado. Há relatos que apontam que ele obteve até alguns efeitos psicológicos bastante negativos a partir desta prática. Somente após dedicar-se a uma vida sexual comum e sadia, experimentando o sexo de forma natural com sua esposa, gerando filhos, experimentando a vida cotidiana como ela é e amadurecendo sua relação com o próprio ato sexual é que ele alcançou um ponto onde a introdução das disciplinas propostas pelo Arcano AZF poderiam ser empregadas de forma natural. A aplicação dessas disciplinas foi gradual e espontânea sem qualquer pressão moral ou expectativa de grandes resultados. E foi a partir desse processo lento e harmônico que Samael conseguiu os resultados tão esperados como fruto da prática da magia sexual.

Samael seguiu esse caminho mais lento e coerente e provavelmente dessa perspectiva vem sua recomendação indicando a idade ideal para o início da prática do Arcano AZF por volta dos trinta e cinco anos de idade. Os relacionamentos afetivos, o trabalho e o sustento, o casamento e os filhos são todas experiências comuns à grande maioria dos homens e mulheres nesta etapa da vida. Nesse ponto o estudante já está maduro e já tem vivência suficiente para adotar as disciplinas exigidas pela magia sexual de forma saudável e inteligente.

Nas instituições místicas criadas por Samael as técnicas de magia sexual só eram ensinadas nos círculos mais internos, a partir da Segunda Câmara do templo, e o compromisso com a aplicação de tais técnicas não aparece em qualquer juramento formal dos rituais da ordem. Obviamente todos os iniciados são participes da prática do Arcano AZF, mas como esta fórmula não deve ser aplicada de forma precipitada ou até que se tenha maturidade e preparo adequados não existe qualquer pressão ou imposição por parte da ordem sobre eles nesse sentido.

O estudante não deve lançar-se à prática da magia sexual antes de ter uma vida sexual normal e ativa e não deve abraçar qualquer disciplina esotérica relacionada ao sexo sem antes ter vivido o ato sexual em suas formas mais rudimentares e ter refinado sua prática a partir delas.

Prazer sensorial e realização espiritual

Praticamente todas as tradições religiosas e esotéricas do ocidente tem como recomendação a negação dos sentidos e do prazer sensorial colocando este prazer como empecilho para a realização espiritual.

Mas este caminho de negação do prazer só nos aprisiona ainda mais na matéria e nos impede de qualquer conquista espiritual.

É certo que o espírito humano tem sua existência na matéria física para experimentá-la e aprender, a partir desta experiência, sobre si mesmo. Assim a sensorialidade tem uma profunda função espiritual.

Uma perspectiva muito mais inteligente quanto a relação entre prazer sensorial e realização espiritual é mantida por muitas escolas de linhagem tântrica oriental. Nesta perspectiva a sensorialidade não é vista como obstáculo para a realização espiritual, mas sim como uma parte deste processo de realização.

O prazer sensorial não é negado de nenhuma forma, mas sim experimentado e sentido plenamente e com tal intensidade que é absorvido pelo espírito.

Por este caminho ao invés de negar a matéria em prol do espírito nós unimos o espírito à matéria fazendo com que esta sirva a ele. Assim todo ato e toda experiência física é transformada em uma experiência espiritual. Toda sensação e todo prazer é absorvido pelo espírito tornando-se intensa fonte de aprendizado e desenvolvimento.

Claro que, como qualquer proposta similar, esta perspectiva tem seus próprios desafios. A afirmação do prazer sensorial deve ser tão profunda a ponto de ultrapassar o ego e alcançar nossa essência divina. Este é um processo que exige consciência e desprendimento e que nos coloca frente a frente com nossas repressões, nossos medos, nossas crenças e nossos pudores.

Para os que conseguirem superar esta prova e se livrar de suas amarras psicológicas os resultados que certamente obterão por esta via trarão um grau de integração com a vida material e com essência divina extremamente profundo e intenso.

A técnica e a vontade

Quando queremos realmente alguma coisa é impossível que não conquistemos nossa meta. Há muitos relatos dos efeitos fantásticos realizados por pessoas que realmente desejavam algo com intensidade e fervor. Então se podemos conquistar tudo o que quisermos através de nossa vontade direcionada por que precisamos de tantas técnicas e sistemas?

Realmente a vontade intensa é capaz de realizar qualquer feito. Mas não podemos esquecer de que desenvolver essa vontade plena é o próprio propósito da magia e do esoterismo. Quem tem uma vontade assim, capaz de realizar tudo o que quer, não precisa das práticas ocultas pois pode acessar tudo através dessa vontade.

Para esse tipo de pessoa a projeção astral consciente é perfeita já que ela tem vontade e exerce essa vontade, Também a comunicação direta com qualquer espírito e o controle de qualquer força da natureza. Tudo isso pode ser obtido através da vontade exercida plenamente.

A vontade é, na verdade, a única ferramenta mágica que necessitamos. Mas e quando não temos essa vontade desenvolvida? Então entra em cena a técnica.

Todas as técnicas da Tradição Esotérica Ocidental têm dois objetivos: compensar temporariamente a ausência dessa vontade legítima e desenvolvê-la definitivamente.

Esse processo de desenvolvimento da vontade é o próprio processo de restauração do estado divino do homem. A vontade é, na verdade, a expressão da essência divina dentro de cada um de nós e se somos capazes de exercê-la continuamente é porque já somos capazes de exercer continuamente nossa autoridade divina sobre o mundo físico.

Essa é nossa meta. Mas até que conquistemos essa meta plenamente utilizamos a técnica e o sistema esotérico pautando nossa caminhada nos resultados concretos obtidos. Esse é o caminho proposto pela Tradição Esotérica Ocidental para a divinização do homem.

Saúde e reintegração da energia universal

O mundo físico como o conhecemos é apenas uma porção do plano de existência sobre o qual caminha a humanidade. A existência química de tudo o que existe ao nosso redor é sustentada por um tipo de matéria mais sutil onde reside o apoio fundamental disso que chamamos vida.

Essa matéria foi observada por várias culturas em vários tempos e é conhecida por vários nomes como Prana, Éter ou simplesmente Energia. É esta matéria sutil, esta energia, que compõe o aspecto oculto ou invisível do nosso mundo físico e é nela que se organiza e constitui nosso corpo vital. Este é o aspecto invisível de nosso organismo físico responsável pela nossa vida e pela nossa saúde.

Essa energia penetra tudo o que existe em correntes de movimento contínuo gerando trocas energéticas de todos os tipos, recarregando e reequilibrando todo o sistema de vida de nosso planeta. Mas se nós estamos imersos nesse grande mar de energia vital a cada segundo e somos interpenetrados por estes fluxos vitais constantemente então por que essa energia não é capaz de manter nossa saúde em estado perfeito de maneira contínua? Porque nós não deixamos que ela atue de forma plena em nossa constituição física e vital. Ao longo de nosso dia e de toda a nossa vida nós criamos várias barreiras que impedem a energia vital de fluir adequadamente em nosso organismo e bloqueamos nosso contato à própria fonte de vida. E a fonte que origina e sustenta estas barreiras é a mente.

A mente é o instrumento mais fantástico de que dispomos em nossas vidas e, mesmo assim, o interesse em aprender a utilizá-lo é quase nulo. Essa grande máquina de compreender e moldar a realidade segue sem controle transformando-nos em vítimas de nós mesmos.

Se nos observarmos por alguns instantes perceberemos que

nossos pensamentos estão sempre em movimento trazendo imagens, sons e idéias diferentes a cada instante. Mesmo quando estamos ocupados com alguma atividade nossa mente vagueia livremente ora nos levando a lembranças ou revisões do passado ora nos lançando a projeções fantasiosas ou planejamentos futuros. Se vigiarmos por algum tempo nossa atividade mental veremos que raramente nossa mente está integralmente concentrada no nosso momento presente.

Uma das capacidades mais evidentes de nossa mente é influenciar e conduzir as correntes de energia vital que nos cercam e, principalmente, as que circulam por todo o nosso organismo. Onde está nossa atenção está nossa energia. Então se nossa mente vaga pelo passado e pelo futuro por lembranças do que já passou ou por planejamentos do que ainda não existe toda a energia que deveria se fixar em nosso corpo para restaurar sua vitalidade e sua saúde é dispersa por nossa própria mente pelos vários pensamentos projetados por ela.

Se realmente queremos que a energia vital que nos cerca se fixe em nosso corpo físico e em nosso corpo vital devemos parar de dispersá-la e começar a concentrá-la em nosso próprio organismo. Para isso se faz necessário e urgente uma mudança de atitude mental. Devemos nos reconectar ao princípio vital tomando consciência desta matéria sutil e tomando consciência de nós mesmos. Devemos nos abrir à entrada da energia universal e, ao mesmo tempo, nos manter presentes a cada instante para que esta energia não se disperse. Em outras palavras, devemos viver o agora buscando ampliar cada vez mais a consciência que temos de nós mesmos e da realidade em que estamos inseridos.

Nesse processo de tomada de consciência de nós mesmos podemos perceber alguns reflexos das barreiras colocadas entre nosso organismo e a energia vital que o sustenta.

O primeiro é o reflexo de nossa atitude mental equivocada sobre nossa respiração. Uma respiração correta deveria aproveitar toda a capacidade de nossos pulmões, mas não é isso que nosso corpo foi educado a fazer. Buscar uma respiração mais profunda e ritmada ampliará muito o processo de tomada de consciência e de absorção energética do nosso corpo. Observe sua respiração e busque aprofundá-la e ritmá-la e logo perceberá os efeitos deste ato tão simples sobre seu organismo e sua consciência.

O segundo é o reflexo sobre o próprio corpo físico na forma de tensões. Durante todo o nosso dia mantemos vários músculos tensionados sem qualquer necessidade. Isso se dá não apenas pela má postura ou inconsciência de nosso próprio corpo, mas principalmente pela influência dos estados equivocados de nossa mente sobre nosso organismo. Buscar o relaxamento é outra ação simples que trabalhará diretamente a favor do processo de mudança de atitude mental. Assim como a respiração profunda o relaxamento do corpo é algo altamente recomendado como prática constante. Além de buscar aplicar essas ações durante o nosso dia-a-dia podemos reservar alguns momentos em um local isolado e tranqüilo onde possamos nos dedicar exclusivamente á experimentação da respiração ritmada e do relaxamento profundo. Essa prática simples servirá como um catalisador para todo o processo de reintegração com a energia universal e constitui uma disciplina básica recomendada por vários sistemas filosóficos, esotéricos e terapêuticos.

Buscar informações e tomar atitudes em prol de nossa saúde física e mental também é algo muito importante. Alimentar-se adequadamente e realizar exercícios físicos regulares são aspectos fundamentais nesse sentido. Cada um deve, segundo suas características pessoais, buscar as disciplinas e formas mais adequadas para reequilibrar seu corpo e sua psique tendo sempre em mente a reintegração do organismo físico e vital com a energia universal que sustenta a vida.

Estas são orientações simples para a revitalização de nosso organismo. Podemos alcançar resultados ainda mais profundos se buscarmos de forma mais ativa anular os muitos anos de condicionamento equivocado do corpo e as várias influências que oprimem a consciência e bloqueiam a energia vital.

Tendo observado esses aspectos mais fundamentais algumas disciplinas mais específicas e mais complexas podem ser investigadas na busca da melhor compreensão e aplicação da energia vital. O estudo esotérico nos coloca em contato com várias técnicas para isso. Dentre elas estão: as técnicas de pranayama, o ritual do pilar do meio e a iniciação reiki.

A prática do pranayama é muito comum no estudo esotérico e é muito fácil encontrar orientações a respeito. Trata-se de uma série de técnicas de respiração desenvolvidas para assimilar a energia vital através do ar obtendo-se vários efeitos específicos de acordo com a técnica empregada. Ao contrário do que pensam alguns o pranayama vai muito além da mera respiração ritmada. Inspirar e exalar o ar com alguma disciplina tem seus resultados, mas as técnicas de pranayama vão muito mais longe oferecendo resultados mais eficientes de acordo com a forma aplicada. O estudo e a prática constante destas disciplinas são altamente recomendados a todos que realmente almejem a saúde ou a integração à energia universal já que são formas bastante simples que podem ser empregadas por todos.

O ritual do pilar do meio é uma técnica da cabala prática moderna que utiliza a visualização e a vibração de nomes divinos para ativar os principais centros energéticos do organismo humano. Nessa prática os corpos sutis são reeducados a absorver a energia vital e fazê-la circulas pelo corpo não apenas revitalizando-o, mas despertando e colocando o praticante em contato com todas as suas virtudes divinas.

A iniciação reiki é uma técnica onde um professor devidamente preparado para este fim realiza certos procedimentos sobre o corpo vital do futuro reikiano abrindo seus canais energéticos para que a energia vital flua corretamente por eles. Esse sistema de origem japonesa foi desenvolvido para habilitar através dessa reestruturação do corpo vital uma pessoa a canalizar a energia vital universal através da imposição das mãos para curar a si mesmo e a outras pessoas. Estando o corpo vital aberto às correntes de energia pelos procedimentos desta iniciação a integração da mesma com o organismo do praticante torna-se um processo mais natural.

Muitas outras técnicas podem ser encontradas pelo estudante que se dedicar a esta busca de reintegração com a energia universal e de revitalização de seu corpo em seus vários níveis de existência. A pesquisa sobre estas técnicas trará muitos benefícios. Mas lembre-se que toda técnica mais complexa está fundamentada nos princípios mais simples.

Busque a mudança em sua atitude mental. Viva o agora e amplie sua consciência sobre si mesmo e sua interação com o mundo ao seu redor. Observe sua respiração e pratique o relaxamento do corpo. Estas atitudes simples já são suficientes para gerar grandes transformações na saúde do corpo, na expansão da consciência e na integração com a energia vital universal.

Assim podemos nos integrar à fonte da própria vida ao invés de formar barreiras que dispersam nossa consciência e que impedem nosso organismo de alcançar uma saúde integral e perfeita.

Da matéria ao espírito

Quando observamos os vários rituais das escolas do esoterismo ocidental ao longo da história encontraremos sempre o chamado do iniciado a buscar o sucesso, a vitória e o triunfo sobre todos os aspectos da matéria, da sociedade e da vida. É dito para o iniciado que ele deve reunir posses e bens, que deve conquistar uma posição social favorável, que deve destacar-se diante de todos os outros na sociedade. A ideia por traz desta constante é a de que o estudante dos mistérios, ao passar por todo o processo sucessivo das iniciações tradicionais, aperfeiçoa a si mesmo em todos os aspectos tornando-se uma pessoa capaz de influenciar a sociedade positivamente. Mas para isso ele precisa estar em uma posição financeira e social favorável.

Outro motivo para esta busca por estabilidade e sucesso diz respeito ao puro e simples direito de todo ser humano de usufruir do prazer sensorial e material em todos os seus aspectos. Assim como o próprio conceito de pecado a ideia de que o dinheiro ou o acúmulo de bens materiais são contrários ao desenvolvimento espiritual foi uma criação da igreja medieval para impedir o desenvolvimento de seus seguidores e mantê-los sob controle. Segundo a perspectiva esotérica o pecado não existe e o dinheiro é apenas energia que deve ser dominada assim como qualquer outro aspecto da vida material.

A existência na matéria é a grande prova e o grande trabalho para a realização divina do homem e o primeiro passo deste processo é dominá-la. Assim estabelecer-se financeiramente é um dos primeiros passos da realização de si mesmo. Afinal como alguém pode esperar dominar os aspectos mais ocultos e mais sutis da natureza se não é capaz nem sequer de dominar a natureza ao alcance dos seus olhos? Como pode alguém almejar a construção dos ditos Corpos Solares e "tomar o céu por assalto" se não é capaz nem sequer de sustentar a si mesmo e garantir um conforto mínimo no simples mundo material em que vivemos? Como pode esperar participar da Hierarquia Celeste se nem ao menos consegue se manter em um emprego?

As primeiras provas do caminho iniciático são as mais simples e naturais. E precisamos compreendê-las e cumpri-las adequadamente se realmente desejamos ir além. Estas dizem respeito a própria vida em sociedade. Antes de dominarmos aquilo que não se vê é preciso que dominemos aquilo que está visível aos olhos da carne. Antes de nos tornarmos divinos devemos aprender a viver bem como seres humanos. Se não conseguirmos conquistar a matéria jamais conseguiremos conquistar o espírito. Se não triunfarmos na sociedade em que vivemos jamais triunfaremos nos mundos mais sutis. Tudo o que é sagrado e transcendente se constrói sobre as bases do que é mundano e cotidiano.

Precisamos com urgência fazer as pazes com o mundo como ele é e viver bem a vida que temos dentro do seu próprio paradigma, conviver de forma saudável com tudo ao nosso redor, sair com os amigos, conhecer pessoas, fazer uma faculdade, ter um emprego, ganhar dinheiro, ter nossa própria casa, pagar as contas, ter um passatempo, cumprir com nossos deveres, usufruir dos prazeres da vida, enfim, viver a vida como ela é. E construir nosso trabalho espiritual a partir disso, da vida normal, da vida comum, da vida cotidiana, da vida bem vivida.

Então faça as pazes com a vida e viva-a como ela é.

Os Mistérios de Lilith

"Creio no Mistério de Baphometh e no Mistério de Abraxas". Esta frase do ritual gnóstico fala da busca pela transcendência. Dois mistérios que se complementam para um mesmo fim e que se desdobram, cada um, em múltiplas camadas. No estudo e reflexão destes mistérios encontram-se chaves valiosas para a prática da magia sexual e para o trilhar do caminho da autorrealização. Mas estes mistérios exigem uma mente pura e livre de preconceitos para que sejam compreendidos adequadamente.

Abraxas é o arconte que um dia percebeu que o deus criador e sua criação eram falsos e buscou transcendê-los. Ele representa a guerra travada para libertar-se do mundo ilusório em nome do deus verdadeiro. Por isso ele empunha um chicote e um escudo onde está gravado o nome deste deus verdadeiro: Iaô. Sua cabeça é a de um galo pois ele é o primeiro a perceber a chagada da aurora da verdade. Seus pés são serpentes pois este é o caminho que conduz a transcendência. E o poder da Serpente está intimamente relacionado com Bafometh.

A controversa figura de Baphometh tem sido associada à Lúcifer de uma forma demasiadamente simplista. Mas, apesar deste pantáculo desenhado pelo mago Eliphas Levi conter muitas outras camadas simbólicas, esta associação é, sim, possível. Só é preciso compreender a representação de Lúcifer segundo a ótica gnóstica. De certa forma os Mistérios de Bafometh são os próprios Mistérios de Lúcifer.

É dito na literatura gnóstica que "Lúcifer é o reflexo do Cristo em nós". Alguns interpretam isto como se Lúcifer fosse, então, algo contrário ao Cristo, à emanação solar da divindade. Não é. Lúcifer é o reflexo do Cristo, sua manifestação, um aspecto do nosso Ser Interior. Segundo a mitologia gnóstica existiam doze casais de deuses vivendo no estado de plenitude chamado Pleroma. Até que um destes deuses, Sophia, quis buscar a Luz ainda mais e foi enganada pelo Demiurgo, o deus criador, e se viu presa em sua criação. Deste então Sophia busca seu retorno ao Pleroma, mas para isso deve libertar-se do deus criador e da própria criação que a aprisiona. Enquanto Sophia empreende o seu esforço em transcender a criação seu consorte, o Cristo, busca resgatá-la. Esta é a descrição mitológica da busca do homem pela transcendência e pelo resgate de sua própria divindade. Sophia é a própria alma humana ou seu anseio de libertar-se da matéria e da criação enquanto o Cristo é a emanação solar da divindade que busca resgatar o homem de sua prisão. Mas o Cristo não se manifesta no mundo material. Ele reside em um estado muito mais sutil além da própria criação e não pode atuar diretamente nela. Mas esta força solar transcendente que impulsionar o homem para o seu despertar e para sua libertação se reflete na matéria densa. Este é o reflexo da luz. E sendo reflexo ele ainda porta esta mesma luz. Por isso foi chamado de Lúcifer.

O Cristo é o aspecto transcendente que está além da criação. Sua manifestação na criação é Lúcifer. Ambos são aspectos de nosso Ser. Contudo ambos possuem sua própria natureza. Cristo é esta força natural pura direcionada aos estados de plenitude do Pleroma. Lúcifer é esta mesma força natural direcionada para a matéria e para a busca da plenitude na interação com o mundo criado através do prazer e da sensorialidade. É um deus e um aspecto de nossa essência, mas é justamente aquele aspecto voltado para a união com a matéria. Trabalhar apenas com o Cristo para alcançar a transcendência não é possível já que sua natureza é a da plenitude estável, da serenidade, da aceitação e do equilíbrio muito bem representados na esfera de Tiphereth na Árvore da Vida. Não compõe a natureza Cristica o impulso, a força e o ímpeto necessários para gerar o movimento de transcendência. Também seu reflexo não seria adequado para isso. É certo que Lúcifer possui em sua natureza o ímpeto e a força de movimento que poderiam conduzir o homem a sua autorrealização, mas sua natureza é voltada para a matéria e a sensorialidade já que, de certa forma, ele é o Cristo direcionado para o lado oposto. Há, então, que se trabalhar com estas duas forças. A união da estabilidade, da luz, da plenitude e da transcendência do Cristo com o ímpeto, a força, a liberdade, a sensorialidade e o poder sobre a matéria de Lúcifer podem gerar o impulso necessário para estender a consciência humana além dos limites da criação e conquistar a transcendência. Com esta união não estamos mais utilizando a corrente do Cristo e nem a corrente de Lúcifer, mas uma terceira força proveniente de uma terceira divindade formada pela união perfeita das duas primeiras.

Assim como os antigos egípcios representavam a união das expressões de duas divindades como uma terceira, como Hermanúbis por exemplo, os gnósticos identificam a união entre estas duas divindades como uma terceira com sua própria força e expressão. Esta é Cristos-Lúcifer. E por isso é dito no ritual gnóstico que "Cristos-Lúcifer nos dá o impulso sexual através do qual podemos nos transformar radicalmente".

A imagem de Baphometh desenhada por Levi demonstra esta união. Uma figura meio humana e meio bode, tal como o deus Pan, que governa o mundo material aponta para cima e para baixo mostrando dois caminhos possíveis. Entre seus chifres, símbolo de seu poder e virilidade, existe uma chama demonstrando sua consciência e um pentagrama demonstrando a natureza positiva desta consciência. Em seu cinto, próximo ao seu órgão sexual, estão as duas serpentes erguendo-se pelo caduceu de Hermes demonstrando que o seu poder provém do trabalho alquímico. A figura é andrógena pois é a união entre homem e mulher. Nesta imagem repousa criptografada a chave da magia sexual expressa pelo Arcano AZF. Nesta imagem repousa o Mistério de Baphometh. Mas ela não é Lúcifer. Ela é Cristos-Lúcifer, a divindade capaz de nos conceder o impulso sexual que poderá nos conduzir à nossa autorrealização.

Esta força representada por Cristos-Lúcifer é de natureza masculina. Existe uma contraparte feminina desta força, mas para compreendê-la adequadamente há que se refletir sobre o mito e o simbolismo de Lilith. Como o Cristo possui seu reflexo em Lúcifer também sua esposa, Sophia, possui seu reflexo em Lilith. Assim como Lúcifer, Lilith também é um aspecto do nosso Ser Interior que possui seu próprio mistério e suas próprias chaves para a prática da magia sexual e da busca da autorrealização.

Lembro-me de uma experiência onde estava praticando a visão espiritual e Lilith apareceu espontaneamente. Fiquei um pouco receoso, mas como a técnica da visão é mais segura do que a projeção astral deixei a experiência continuar. Ela, uma mulher de baixa estatura, cabelos loiros cacheados, olhos verdes e uma aura bela e aterrorizante, olhava para mim com uma serenidade curiosa. Vendo meu receio ela se aproximou e disse que precisávamos ir a um lugar. Então a segui já preparado para encerrar a experiência se algo "estranho" acontecesse. Fomos almoçar...

Estávamos sentados de frente para o outro comendo em silêncio.

Foi quando ela me olhou com um olhar melancólico. "Aí está você. Com medo e com desconfiança. Eu achei que você, mais do que os outros, poderia me entender...". As palavras dela soaram algo terno, mas com uma decepção evidente. "Você mais do que os outros" ... como assim? E então, olhando para aqueles olhos verdes profundos, eu entendi. Algo como uma explosão de luz em minha mente me fez lembrar do mito de Lilith e ver além da propaganda judaico-cristã. E ela continuou. "Afinal você é um gnóstico. Você também é um rebelde contra deus...". Ela tinha razão. A raiz do gnosticismo é a rebelião contra o deus criador na busca de transcendê-lo e conquistar nós mesmos nossa própria divindade. A natureza e o mundo material são um meio para um fim. Nós usamos as técnicas da magia e, até mesmo, o "nome de quatro letras" para exercer poder sobre a matéria. Mas tudo isso é um meio para um fim. Ter poder sobre a matéria para poder transcendê-la. Esse foi o caminho seguido por Abraxas, o grande herói mítico da nossa tradição, e esse é o caminho seguido por todo Adepto ou por todos que buscam o adeptado. E Lilith é peça fundamental neste processo. Muitos falam dos Mistérios de Lúcifer, mas muito poucos falam sobre os Mistérios de Lilith. Este é o aspecto feminino do Mistério de Baphometh.

Lilith, a deusa suméria das tempestades, foi demonizada na tradição judaico-cristã porque não queria se submeter. Ela é o símbolo da mulher livre e não-submissa e da força feminina que não está sob o julgo do Demiurgo.

Segundo a cabala não-escrita Lilith foi a primeira esposa de Adão. Quando o deus criador estabeleceu seu Jardim das Delícias e criou o homem terrenal para reinar sobre ele, como sugere o próprio livro do Gênesis, "homem e mulher os criou". Assim o homem terrenal tinha seu aspecto masculino na figura de Adão e seu aspecto feminino na figura de Lilith. Ambos foram criados diretamente pelo Demiurgo a partir da terra e da água e ambos possuíam a mesma natureza. Mas esta igualdade perturbava Adão. Ele não aceitava o fato de sua esposa não ser submissa a ele. O sinal mais evidente dessa insubmissão da primeira mulher, segundo a tradição cabalística, é a Postura de Lilith na prática sexual onde a mulher se coloca sobre o homem como que o cavalgando enquanto ele permanece deitado sob ela. Esta era a posição preferida por Lilith durante o sexo colocando-se sobre Adão e afirmando assim sua posição de poder e liberdade. A atitude "rebelde" por parte de sua esposa levou Adão a queixar-se com o deus criador culminando na expulsão de Lilith do Jardim das Delícias. Então uma mulher mais adequada segundo as expectativas de Adão lhe foi concedida. Uma mulher criada a partir de sua própria costela para que, como parte dele, fosse completamente submissa a ele. Uma mulher modesta, recatada e obediente que não se sobreporia ou se igualaria ao seu esposo durante o sexo ou qualquer outro aspecto da vida. Esta "mulher ideal" foi conhecida como Eva.

Sendo expulsa do "paraíso" estabelecido pelo deus criador e excluída daquilo que era aceito como "divino" Lilith passou, então, a ser classificada como demônio. Esta demonização de uma divindade estrangeira ou mais antiga que simboliza um comportamento diferente do que é proposto pela ordem social vigente era muito comum na antiguidade e é ainda praticada por muitas religiões atualmente. Invariavelmente os demônios de uma religião são criados a partir dos deuses de outra religião com o propósito de denegri-la e de diminuir toda a cultura de seu povo. Lilith é um bom exemplo disso. E existem muitos outros. Mas muito além de representar a mulher independente e insubmissa, tão inconveniente ao judaísmo e cristianismo antigos, Lilith é um símbolo de rebeldia contra o deus criador em uma busca de afirmação e realização de sua própria divindade. Um símbolo da própria atitude do gnóstico em sua jornada de transcendência. Em um sentido mais profundo representa a fagulha da luz divina aprisionada na matéria e que anseia por sua libertação. E nesse sentido representa um aspecto da face feminina do nosso próprio Ser Interior.

Assim como Lúcifer representa o aspecto mais sensorial do Cristo emanado em Tiphereth também Lilith representa os aspectos mais sensoriais de Sophia emanados em Malkuth. Lilith e Sophia são as duas faces da Deusa Serpente a quem os orientais chamam Kundalini. São duas faces igualmente divinas da mesma força da natureza, mas cada uma direcionada a um aspecto distinto dela mesma. Uma complementa a outra e para que possamos dominar estas forças é necessário que aprendamos a trabalhar com ambos aspectos em conjunto. Só assim estaremos trabalhando com a sua força integral e poderemos extrair dela o seu poder. Por isso é dito, na literatura gnóstica, que "devemos roubar o fogo do diabo" pois tanto o diabo quando deus são aspectos distintos de uma mesma manifestação. Assim como Cristos-Lúcifer representa a completude da luz em Tiphereth também a divindade Lilith-Sophia representa a completude do poder da Serpente em Malkuth. E é esta união de princípios aparentemente opostos que está expressa na figura de Baphometh.

Compreender os Mistérios de Lilith é fundamental para compreender o próprio trabalho com a Serpente e para realizar de fato e com eficácia o seu despertar e a sua ascensão. Este é um mistério intimamente relacionado ao ofício da magia sexual. Mas como se trata de lidar com aspectos poderosos e voltados ao lado mais sensorial e material da Serpente ele possui seus riscos. Para explorar estes aspectos da sexualidade é necessário que o Iniciado já esteja trabalhando intensamente com a magia sexual, que já tenha superado todas as etapas iniciais e que compreenda os fluxos etéricos desprendidos durante este trabalho. O Iniciado já deverá, também, ter trabalhado com os aspectos iniciais da magia tradicional tendo certa proficiência taumatúrgica e desenvolvendo sua vontade sobre a natureza mais densa. Só então o mago estará apto a explorar os aspectos mais profundos da Arte Mágica e poderá investigar o lado oculto da Serpente. É ali que reside o seu poder. É ali que reside a chave para o seu despertar. É ali que reside o verdadeiro ofício da magia sexual. Mas se o mago não estiver devidamente preparado ele poderá ser devorado pela Serpente.

Muitos falam sobre o despertar e o erguer da Serpente. Mas poucos conseguem realizar esta tarefa. Ela exige preparo. Ela exige coragem. E ela tem seus perigos. Você pode praticar a magia sexual de forma "segura" sem explorar estes aspectos mais profundos. Mas se deseja, de fato, empreender a tarefa de acordar, domar e erguer a Serpente deverá necessariamente conhecer e dominar todos os seus aspectos. Não há como conquistar os céus sem roubar o fogo do diabo. Não há como resgatar a divindade de Sophia sem trabalhar com os Mistérios de Lilith.

JOIVE
COAGVLA
GLIPHAS

Livros que você deveria ler

Aqui está uma lista de livros essenciais para iniciar ou aprofundar seus estudos no esoterismo ocidental. Esta lista é apenas uma sugestão inicial e você deve ampliar sua pesquisa a partir dela estudando outras obras dos autores ou seguindo citações e sugestões dadas por eles.

O estudo do gnosticismo, da magia e do esoterismo de modo geral exige muita leitura e muita pesquisa. Toda experimentação prática, toda operação mágica e toda vivência direta deve ser precedida de um extenso estudo teórico. A teoria deve sempre guiar a prática. Assim tudo o que levamos a prática será dotado de direção, propósito e contexto. A prática pela prática não nos leva a lugar algum. Assim como a leitura pela leitura. Estudar é ler, compreender e experimentar. Não existe outro caminho.

É imprescindível que você desenvolva um hábito de leitura de textos esotéricos de todo tipo e a lista a seguir pode ser seu ponto de partida. Além de ler estes livros aprenda um pouco sobre eles, sobre seus autores e sobre o contexto em que foram escritos. Mas tente lê-los pelo que eles são e avalie cada um pelo que neles está escrito. Não crie um pré-julgamento a partir da fama do autor e não filtre os textos seguindo crenças e preconceitos. Tente lê-los de verdade e ater-se ao que neles está escrito. Permita-se aprender com cada um deles. Esta deveria ser sempre a nossa atitude diante de qualquer fonte de conhecimento seja ela qual for.

1. O Matrimônio Perfeito de Samael Aun Weor.
Este é um dos livros mais importantes do esoterismo moderno. O foco desta obra é o Casamento Perfeito entre a alma humana e a alma divina que tem como chave central a prática da magia sexual.

Samael Aun Weor foi o primeiro autor a entregar de forma aberta e franca as chaves da magia sexual codificada na fórmula do Arcano AZF. Além de abrir ao público muitas outras técnicas que antes eram mantidas em segredo pelas várias vertentes da Tradição

Esotérica Ocidental. Ao longo de toda sua obra ele delineia uma síntese do esoterismo ocidental que encontra sua formulação definitiva no que chamou de Três Fatores de Revolução da Consciência. Este é um resumo de todo o ofício das antigas Escolas de Mistérios e tem como ponto central a prática da magia sexual. Este livro oferece um panorama geral de sua proposta e uma apresentação bastante clara dos fundamentos do Arcano AZF. Assim como qualquer outra obra essa tem suas imperfeições e seus erros. Mas os aspectos práticos que ela apresenta são inestimáveis e a obra em si é inspiradora.

Todas as críticas que vemos hoje direcionadas a Samael estão mais relacionadas ao péssimo trabalho dos fanáticos e perversores que falam em seu nome e das instituições negras ditas "samaelianas" do que a obra do autor em si.

É certo que Samael teve que abraçar uma linguagem e algumas imagens simbólicas necessárias a comunicação com o público de sua época. Daí a presença excessiva da linguagem e da mitologia cristã em sua obra. Este é um obstáculo que todo estudante deve superar ao estudar seus textos e não é nada que a aplicação mínima da hermenêutica não dissipe. Por trás de toda linguagem cristã utilizada pelo autor existe o espírito rebelde e contundente do gnosticismo com suas técnicas e perspectivas capazes de levar o homem a meta almejada por todo gnóstico em todas as épocas que é superar o deus criador e tornar-se ele mesmo uma divindade.

Tendo isso em mente penso que toda obra de Samael Aun Weor é leitura necessária não apenas para quem estuda o gnosticismo, mas também para qualquer estudante dedicado a percorrer o caminho traçado pela Tradição Esotérica Ocidental.

2. Psicologia Revolucionária de Samael Aun Weor.
3. A Grande Rebelião de Samael Aun Weor.

Estes dois livros delineiam as bases da psicologia gnóstica para o aperfeiçoamento do homem. O conceito gnóstico de "ego" difere em muito do formulado pela psicologia acadêmica. Na perspectiva gnóstica o "ego" relaciona-se mais ao conceito equivocado de quem somos e refere-se aos muitos padrões psicológicos que construímos e que nos mantém separados da experiência real do mundo que nos cerca bem como de nossa verdadeira essência interior. O ego dentro desta perspectiva é o que nos aprisiona e o que nos separa do que somos de fato, de nossa verdadeira essência, do nosso de Real Ser.

Dissolver estes padrões psicológicos, estabelecer uma experimentação real do mundo e fazer com que nossa verdadeira essência se manifeste e se expresse através de nós é o objetivo da psicologia gnóstica. E é este o tema central destas duas obras. Este processo de purificação representa um dos Três Fatores de Revolução da Consciência que resumem todo o trabalho de divinização do homem proposto pela Tradição Esotérica Ocidental.

Uma prática segura e saudável da magia, principalmente em suas técnicas mais avançadas, depende do trabalho perfeito com as técnicas da psicologia gnóstica. Estudar e praticar o que é apresentado nestas obras é fundamental.

4. Prática da Magia Ritual de Gareth Knight.

Um livro bastante curto, mas que resume muito bem todos os aspectos práticos da magia segundo a ótica do hermetismo moderno. Gareth Knight foi discípulo de Dion Fortune e esta obra apresenta uma excelente introdução à prática das ideias propostas por esta autora bem como para a prática da magia cerimonial de um modo geral. É um excelente ponto de partida para a prática da magia sob uma estética mais tradicional de templo.

5. Dança Cósmica das Feiticeiras de Starhawk.

O neopaganismo e a bruxaria moderna são a melhor porta de entrada para a prática mágica. A ritualística proposta pela bruxaria é bastante simples e acessível, mas ainda mantém todos os símbolos tradicionais. Afinal a bruxaria moderna é uma simplificação da ritualística hermética para a prática dentro de uma estética céltica. Seu fundador, Gerald Gardner, era amigo de Aleister Crowley e iniciado nas ordens Astrum Argentum e Ordo Templi Orientis e o estudo comparado das práticas destas ordens e da bruxaria deixa claro o aporte de conceitos, técnicas e rituais.

Penso que a bruxaria moderna tinha como propósito servir como uma ordem para a prática da magia mais simples e leve com uma estética mais atraente e estimulante apresentando os mistérios de forma mais acessível e facilitando a iniciação nos estudos mais profundos e mais tradicionais do caminho mágico. Com o tempo a bruxaria moderna se transformou de uma ordem mágica e simbólica para uma religião popular visando atender as demandas de alguns grupos específicos. Ela passou então a ser vista como uma religião no sentido mais popular da palavra e assim seu propósito original se perdeu. Ainda assim sua ritualística geral constitui uma boa base para os iniciantes no caminho da magia já que apresenta os elementos tradicionais básicos organizados de uma forma simples e com uma estética atraente e atual.

Starhawk é uma praticante bastante eclética do neopaganismo, mas este livro é uma excelente exposição da perspectiva e da prática da bruxaria moderna. Um livro muito inspirador e bastante completo trazendo desde os exercícios mais simples até os rituais praticados por um coven de bruxas.

6. Guia Essencial da Bruxa Solitária de Scott Cunningham.

O processo de desconstrução e generalização que a bruxaria moderna sofreu ao alcançar as terras estadunidenses deu origem a uma forma mais aberta e genérica de expressão mística, uma espécie de meta-religião capaz de se moldar a praticamente qualquer estética ou inclinação mitológica, que foi chamada neopaganismo. Se por um lado o neopaganismo é mais superficial e genérico quando comparado a bruxaria moderna original ele é mais adaptável e capaz de ser moldado para atender a necessidades mágicas e religiosas específicas ainda mantendo uma estrutura e instrumental tradicionais. Vários grupos ativistas estadunidenses utilizaram o neopaganismo para construir novas "religiões" que dessem suporte a suas ideias e várias vertentes "reconstrucionistas" surgiram disso. Mas existem pagãos que se dedicam a prática desta versão mais genérica ainda dentro dos mesmos propósitos e da mesma estética da bruxaria. Esta corrente de bruxaria moderna mais aberta é comumente chamada de bruxaria eclética. E um dos seus maiores representantes é Scott Cunningham.

Neste livro Cunningham apresenta a teoria e prática da bruxaria eclética de forma bastante completa. Os fundamentos da bruxaria são estudados de forma crítica e realista buscando o entendimento de cada uma de suas partes. Ainda assim a estética e o sabor da bruxaria moderna mais tradicional podem ser percebidos. Uma excelente introdução a bruxaria como é vista e praticada hoje e um excelente guia para estabelecer de forma concreta os fundamentos de sua prática mágica pessoal.

7. O Conceito Rosacruz do Cosmos de Max Heindel.

Os vários volumes da Doutrina Secreta de Helena Blavatsky são demasiadamente elogiados e citados atualmente. Eles trazem uma enorme quantidade de informações sobre a origem do universo, a origem do homem e o trabalho que este deve realizar sob o ponto de vista dos mistérios. É certo que esta obra apresenta todo um conhecimento inestimável e necessário para todo estudante do caminho esotérico. Mas sua linguagem é excessivamente densa e confusa e todo o seu texto é fundamentado na tradição do oriente. Isso torna esta obra pouco recomendada para os que seguem o caminho esotérico no ocidente e a despeito de sua fama são muito raros os que realmente tenham lido estes textos. A obra mais indicada para que o estudante tenha uma visão geral da cosmogonia e da cosmologia esotérica é, sem sombra de dúvida, a produzida por Max Heindel. Ele próprio coloca sua obra como a opção mais adequada para o homem ocidental da mesma classe de conhecimento encontrada na obra de Blavatsky. Sua principal publicação da qual todos os outros textos do autor e o próprio ofício da Fraternidade Rosacruz fundada por ele é o livro Conceito Rosacruz do Cosmos.

Esta obra apresenta um estudo completo da visão da tradição ocidental acerca das origens do cosmos, da sua organização e seus planos de existência, das origens do homem, da anatomia oculta e do desenvolvimento dos seus poderes, da ordem cósmica como um todo e de como podemos e devemos nos relacionar com ela. E tudo isso com uma linguagem extremamente simples e acessível completamente voltada para o homem ocidental contemporâneo. Trata-se de um estudo básico e fundamental para que possamos entender a nós mesmos, o mundo ao nosso redor e a nossa relação com ele. Praticar a magia ou qualquer disciplina da Tradição Esotérica Ocidental antes de absorver este tipo de conhecimento é pouco inteligente e ingênuo. É preciso conhecer nossa posição na natureza para que possamos nos relacionar com ela, principalmente em seus aspectos mais sutis, de forma correta e produtiva.

As ideias e perspectivas propostas por Max Heindel no Conceito Rosacruz do Cosmos fazem parte dos fundamentos do gnosticismo samaelita e podem ser vistas ao longo de toda obra de Samael Aun Weor. Este livro era, também, recomendado como leitura para os estudantes da Ordem Hermética da Aurora Dourada pelos próprios dirigentes desta ordem. Tudo isso atesta sua importância e sua influência muito além dos trabalhos da própria Fraternidade Rosacruz.

Esta é uma obra de leitura obrigatória para todos os estudantes da Tradição Esotérica Ocidental independente de suas inclinações e caminhos pessoais.

8. A Cabala Mística de Dion Fortune.

A cabala é um sistema filosófico surgido entre o povo hebreu e que se desenvolveu ao ponto de constituir os alicerces filosóficos e simbólicos da Tradição Esotérica Ocidental em nossos dias. Se pensarmos na tradição esotérica como um organismo a cabala será seu esqueleto. É ela que sustenta e fundamenta toda e qualquer expressão dos mistérios. Ela estabelece a teoria fundamental por trás da prática da magia. Ela estabelece a teoria fundamental para todo simbolismo e procedimento ritualístico de templo. Ela estabelece as perspectivas sobre as quais todo sistema filosófico é construído em nossa tradição. A importância do seu estudo é então bastante óbvia.

A cabala em seu processo evolutivo e de desenvolvimento tecnológico já se distanciou em muito do paradigma do judaísmo e é atualmente um sistema completamente independente. Associar a cabala hoje ao esoterismo judaico é não compreender o que ela é de fato. Para fazer esta distinção muitos tem denominado "cabala judaica" aquela que se manteve dentro do paradigma do judaísmo, e que é de interesse exclusivo dos judeus, e "cabala hermética" aquela emancipada do judaísmo e que forma os fundamentos do esoterismo ocidental.

O último grande avanço tecnológico do sistema cabalístico ocorreu a partir dos estudos e das práticas da Ordem Hermética da Aurora Dourada. Esta escola de mistérios foi a responsável pela reestruturação da magia, do hermetismo e da cabala para o nosso tempo. Além disso esta ordem é a única escola de mistérios até os nossos dias que teve todos os seus segredos, ensinamentos, exercícios e rituais publicados integralmente. Todos os autores de nossa tradição mantêm segredo sobre algum ponto ou prática do seu sistema. Mesmo instituições ditas aquarianas guardam segredos e mantém votos de sigilo ocultando práticas, rituais e liturgias longe dos olhos "profanos". A Ordem Hermética da Aurora Dourada é a única que pode ser estudada na integra de forma aberta e livre por qualquer estudante não iniciado. Trata-se de um sistema complexo e exigente de filosofia e de magia cerimonial. E nesta linhagem que Dion Fortune foi treinada e onde fundamenta todo o seu trabalho. Sua obra vem para trazer luz às complexidades da Aurora Dourada reformulando vários dos seus ensinamentos de forma mais clara e produtiva para o trabalho fora dos rigores da ordem. E nesse caminho o corpo filosófico e prático proposto por Dion Fortune desenvolve uma personalidade e força própria.

Dion Fortune empreendeu vários avanços na tradição hermética moderna. Trabalhou a inserção das perspectivas da psicologia e da psicanálise no ocultismo e defendeu com bastante veemência uma forma de prática esotérica tipicamente ocidental. Sua obra também inspirou toda a bruxaria moderna.

Este livro apresenta os fundamentos da cabala hermética, ou da "cabala mística", sob uma perspectiva atual, mas ainda perfeitamente conectada às tradições cabalísticas antigas. Fortune disseca o modelo básico do estudo cabalístico esotérico, a Árvore da Vida, preparando um terreno seguro para o entendimento da magia e da tradição. O livro é bastante claro e inspirador e, ainda assim, abre portas para reflexões filosóficas extremamente profunda. Este é um livro que deverá ser lido várias vezes ao longo do estudo do ocultismo.

9. Magia Hermética (ou A Árvore da Vida no original) de Israel Regardie.

Israel Regardie iniciou seus estudos de magia com Aleister Crowley e foi seu secretário por algum tempo. Quando se distanciou de Crowley dedicou-se ao estudo em escolas descendentes da Aurora Dourada que ainda trabalhavam com seu sistema tradicional. Os documentos da ordem já haviam sido parcialmente publicados por Crowley que não tinha intenção de expô-la pura e simplesmente, mas sim de utilizar seu material como fundamento para a criação de sua própria ordem mágica, agregando e desenvolvendo várias ideias e técnicas novas, a que chamou Astrum Argentum. As reflexões sobre o tratamento que os documentos originais da Aurora Dourada vinham recebendo motivaram Regardie e quebrar seus votos de sigilo e publicá-los integralmente. Primeiro com os documentos que ele próprio dispunha como adepto e posteriormente em uma obra muito mais completa reunido material de vários outros templos ainda em atividade.

Mas este livro, a Magia Hermética, foi escrito antes desta época quando Regardie havia se separado de Crowley e empreendia seus estudos na Aurora Dourada. Ainda assim a compreensão do autor sobre a prática da magia moderna e suas várias aplicações é excelente. Este livro traz um estudo geral sobre magia, discutindo desde ideias e paradigmas modernos sobre o assunto, passando pela prática com a Árvore da Vida e analisando de forma bastante detalhada a magia evocatória dos grimórios antigos sob uma perspectiva mais atual.

Israel Regardie era amigo de Dion Fortune e, através de sua orientação, também trabalhou a prática do ocultismo em conjunto com as técnicas da psicologia e da psicanálise. Assim como Dion Fortune e Aleister Crowley, Regardie defendia a prática da magia como o "ioga do ocidente" ou a forma ideal de prática esotérica para os ocidentais. Este livro é o ponto central de sua obra nesse sentido que se estende para vários outros textos expandindo estas mesmas ideias.

10. Magia em Teoria e Prática de Aleister Crowley.

Uma das obras mais importantes sobre a prática da magia. Crowley afirma que este livro apresenta a magia como uma prática acessível a todos. Penso que ela está longe de ser um texto para iniciantes neste caminho. Este livro apresenta um estudo bastante profundo e relativamente avançado sobre a teoria e a prática da magia e será necessário já alguma experiência como mago para que sua profundidade seja compreendida completamente.

Aleister Crowley é um dos grandes nomes do ocultismo moderno e sua contribuição para o avanço das ideias e da prática da magia é imensa e incontestável. Mas a enorme quantidade de mitos e lendas que cercam este autor afasta muitos estudantes. Crowley é inapropriadamente visto por muitos como um dos maiores magos negros da história e vários dos mitos que geraram sua má fama foram alimentados por ele próprio. Ele adorava chocar, provocar controvérsias e chamar a atenção para si. Sua biografia está repleta de histórias extravagantes e algumas delas são mesmo reais. E seus textos refletem esta irreverência e, segundo alguns, irresponsabilidade.

Huiracocha, fundador da Fraternitas Rosicruciana Antiqua e que foi discípulo de Crowley, alerta que a obra deste autor deve ser estudada com muito cuidado. Ela possui um valor inestimável para o estudo da magia e do ocultismo, mas está repleta de passagens e declarações absurdas que só tem por objetivo desviar a atenção do leitor. Segundo o próprio Huiracocha estas passagens e textos foram escritos desta forma para testar o valor e a inteligência dos leitores. Algo como uma versão moderna e intelectual das antigas provas iniciáticas. Se o leitor acreditar nos aspectos mais absurdos propostos por Crowley este seria o sinal de que não está preparado para receber o conhecimento contido em sua obra. Uma tática compreensível, mas considerada por muitos insensata já que são inúmeros os leitores que se apegam aos seus pontos mais controversos e obscuros como verdades literais.

A obra de Crowley representa um grande avanço para a prática da magia. Seguindo os passos de Levi e da Aurora Dourada seu estudo da arte mágica assume uma perspectiva crítica e criteriosa buscando inspiração no método científico. Propôs várias novas abordagens para a magia como a sua integração com a psicologia, tendência seguida posteriormente por Israel Regardie e Dion Fortune, assim como a ideia da magia como o "ioga do ocidente". Mas a perspectiva de Crowley nesse sentido era mais conciliadora. Ele foi um dos primeiros a praticar e ensinar o ioga no ocidente e sua obra busca integrá-lo com as práticas mágicas formulando um sistema unificado. O tronco central do seu trabalho ainda é a Tradição Esotérica Ocidental, mas várias perspectivas e práticas do ioga são absorvidas e propostas como pontos essenciais do seu sistema.

A primeira parte deste livro apresenta os passos do ioga propostos por Patanjali em uma visão bastante clara e completa. Segue-se, antão, a exposição dos instrumentos mágicos e da constituição do templo para a prática da magia. Só então, na terceira parte, é que são apresentadas as ideias centrais que compõe a obra em si. O fato desta obra, a mais importante do autor, iniciar com a prática do ioga para depois tratar dos aspectos mais próprios da magia é bastante significativo e demonstra a importância que o autor dava a esta disciplina oriental como preparação e elemento fundamental na prática da magia. O estudo da magia de fato, sob esta proposta, só deveria começar quando o estudante já possui um mínimo de familiaridade com os passos fundamentais do ioga e já providenciou o ambiente e os instrumentos mínimos necessários para a sua prática.

São muitos os que supervalorizam a obra do autor. E ainda mais os que a temem e a menosprezam. Geralmente os que mantém uma visão ou outra nunca a leram e a avaliaram de fato pelo que ela é. Obviamente ela tem seus defeitos e sua personalidade própria, mas merece ser estudada com atenção.

Dos livros escritos pelo autor penso que este é o mais importante. Trata-se de uma obra fantástica e que deve ser estudada detidamente. Ela pode ser um pouco arriscada para o estudante que ainda não possua alguma experiência no caminho esotérico já que são muitas as passagens que sugerem uma interpretação errônea e até inversa ao seu propósito. Ainda assim a leitura deste livro é extremamente recomendada. Trata-se de uma das maiores obras sobre este assunto. Lembre-se das inclinações irreverentes do autor e coloque a devida atenção na leitura e interpretação do seu texto e tudo ficará bem.

11. Dogma e Ritual da Alta Magia de Eliphas Levi.

Talvez o texto mais tradicional sobre magia. A obra de Eliphas Levi é um marco para o esoterismo ocidental. Ele foi o primeiro autor a desconstruir o ocultismo e analisa-lo sob um ponto de vista mais científico criando uma tendência que seria seguida por vários autores e organizações posteriores. Apesar do imenso valor de suas obras muitos estudantes se esquecem que Levi escrevia sob voto de sigilo tradicional e suas obras entregam o conhecimento da magia e do ocultismo de forma parcial e velada. Ele próprio afirma isso em vários momentos. Então ao estudar os textos de Levi tenha isso em mente.

Toda sua obra é altamente recomendada, mas este livro é o principal trabalho do autor e, dada sua importância e reconhecimento por todas as Escolas de Mistérios depois dele, é de leitura obrigatória. Mas não se trata de uma obra de cunho prático ou instrucional já que isso era trabalhado dentro dos sistemas iniciáticos tradicionais de sua época. É, antes, uma obra filosófica extremamente inspiradora que dá suporte ao estudo e a prática dos iniciados que já receberam as chaves e as técnicas do caminho esotérico. Então algum conhecimento sobre a magia cerimonial e sobre a cabala serão necessários para que você consiga compreender adequadamente o que é apresentado neste livro. Assim que reunir estes conhecimentos mais rudimentares estude esta obra. Só assim você entenderá porquê Eliphas Levi é tão respeitado e admirado por tantos magos até os nossos dias.

12. O Livro da Lei de Aleister Crowley.

Este livro foi recebido por Aleister Crowley de um ser espiritual em uma operação mágica realizada no início do século passado. A princípio o próprio Crowley não deu tanta atenção a ele, mas com o tempo e a partir do resultado de outras operações mágicas que apontavam a importância do seu conteúdo seu interesse foi crescendo até o ponto de delinear uma religião em torno do que nele é ensinado. Em essência este livro apresenta a Lei da Vontade, ou a Lei de Thelema, expressa pela frase "faz o que tu queres há de ser o todo da lei". Seu texto e sua ideia central influenciaram praticamente todas as ordens e escolas esotéricas posteriores. Podemos perceber sua influência desde as várias correntes rosacrucianas até o neopaganismo passando por inúmeras outras vertentes. Mesmo o gnosticismo samaelita tem sua ascendência tradicional ligada diretamente aos trabalhos de Aleister Crowley, via o rosacrucianismo de Huiracocha, e vários trechos do Livro da Lei podem ser vistos nos rituais da Liturgia Gnóstica. Além do seu valor simbólico e filosófico o Livro da Lei possui um texto pungente e muito inspirador.

Sobre mim

Um nome mágico expressa um lema ou mote para todo aquele que se dedica ao estudo dos aspectos práticos da Tradição Esotérica Ocidental. Delineia também a "persona mágica" ou uma espécie de "eu lírico" dos praticantes da magia. Pan vem do grego e significa o todo e foi, tardiamente, derivando para designar uma divindade específica, meio homem meio animal, associada à natureza, à liberdade e à sexualidade. Veritrax é uma versão ornamentada da palavra Veritatis que em latim significa verdade. É, também, o nome do rei dos dragões do cenário de fantasia steampunk Castelo Falkenstein. Da justaposição destes surgiu o nome Pan Veritrax.

Pan Veritrax é o meu nome mágico. Me chamo Cristiano Alexandre Moretti. Nasci em 1975 na cidade de Curitiba. Sou profissional na área de tecnologia da informação, fã de jogos de RPG, um músico leigo e indisciplinado, espectador de filmes e séries e leitor de ficção e fantasia urbana. Mas a maior parte de minha atenção é tomada, desde a juventude, pela investigação da magia, da metafísica, da religião em suas várias formas, do ocultismo e dos vários ramos da Tradição Esotérica Ocidental.

Minha jornada no estudo do esoterismo ocidental começou com o tarô. Por volta de 1990 meu anseio de entender os mistérios da religião e dos aspectos mais sutis da natureza crescia rapidamente e ficou claro para mim que a religião que eu praticava, o cristianismo católico, não era mais suficiente e comecei a procurar um caminho que pudesse me levar mais além. Foi quando ganhei meu primeiro baralho de tarô. Ali eu encontrei o que estava buscando. Ou, ao menos, a primeira parte...

O aprofundamento no estudo do tarô me levou às obras de Papus e, posteriormente, às de Eliphas Levi. Foi a primeira leitura de Dogma e Ritual da Alta Magia de Levi que abriu para mim as portas do caminho que eu queria seguir: a magia. A partir de Levi passei a buscar e estudar os vários ramos da magia e os seus fundamentos. Em algum momento este estudo me levou ao paganismo contemporâneo e ao gnosticismo.

Meu primeiro contato com o paganismo veio através de uma coletânea de textos eletrônicos com que me deparei por volta de 1995, nos primórdios da internet, compilados em um grande "livro das sombras" chamado Book of Shadows of Riders of the Cristal Wind. Nunca participei formalmente de um coven, mas a ritualística e a estética da bruxaria e de outros ramos do paganismo moderno deram, a partir daquele momento, o tom para minha prática pessoal. Depois conheci os textos de Starhawk e Scott Cunningham que influenciaram muito a minha prática e sedimentaram meu apreço pela Arte.

Mas foi o gnosticismo que abriu, de fato, meus olhos para as inúmeras possibilidades oferecidas pela Tradição Esotérica Ocidental e a grande meta por trás da magia. No gnosticismo encontrei as chaves para a prática da magia e do paganismo em um nível muito mais profundo e em um grau de eficiência que eu não esperava. No gnosticismo recebi as grandes chaves do esoterismo ocidental. Mas levou algum tempo para fazê-las funcionar de fato...

Meu primeiro contato com o gnosticismo foi, também, em 1995 quando me afiliei a uma associação de pessoas dedicadas ao estudo da obra de Samael Aun Weor. Fui iniciado na fraternidade gnóstica em 1997 e consagrado Sacerdote Gnóstico em 2006. Participei de vários grupos e templos com diferentes perspectivas, dei aulas, elaborei currículos e sistemas pedagógicos, fui coordenador de cada uma das três câmaras do templo, desempenhei todos os encargos eclesiásticos e litúrgicos além de participar da criação de novos templos e instituições gnósticas. Enquanto minha atuação na magia e no paganismo sempre foi discreta e, de certa forma, solitária, no gnosticismo minha atuação sempre foi pública e em grupo.

Conforme estudava o gnosticismo fui percebendo que as formas de prática contemporânea com que eu tinha contato estão muito distantes dos verdadeiros propósitos desta tradição antiga. Me dediquei, então, ao estudo da história do gnosticismo e ao resgate de uma prática mais próxima dos seus princípios originais. Esse processo me conduziu gradativamente a uma leitura bastante particular da literatura gnóstica e da prática do próprio gnosticismo. Essa abordagem mais tradicional se mostrou, ironicamente, mais aberta, mais racional e mais livre do que as perspectivas pregadas e praticadas atualmente. Foi a partir desta leitura "pessoal" que obtive sucesso em todas as práticas e experimentos metafísicos propostos pela literatura gnóstica contemporânea.

Muitas experiências e muitos autores também contribuíram para o amadurecimento e o aprofundamento do meu estudo nestas áreas. A primeira leitura do Livro da Lei de Aleister Crowley foi uma das grandes quebras de paradigma que me obrigaram a rever vários conceitos sobre gnosticismo e magia, e conquistar uma percepção muito mais honesta nestas áreas. A primeira leitura da Cabala Mística de Dion Fortune me abriu os olhos para a verdadeira estrutura por trás de todo trabalho das Escolas de Mistério tradicionais, sejam elas antigas ou modernas. A primeira leitura do Conceito Rosacruz do Cosmos de Max Heindel sedimentou minha compreensão dos mundos sutis e de como as várias correntes esotéricas se conectam em um todo único formando uma mesma tradição. O contato com os manuscritos e com as várias obras derivadas da Ordem Hermética da Aurora Dourada me colocaram no paradigma mais atual da magia tornando minhas experiências ainda mais concretas. A descoberta da Magia do Caos, primeiro pelos textos de Phil Hine e depois pelos clássicos de Peter Carroll, me mostraram para onde a magia poderia ir e como compreendê-la em suas várias outras facetas. E cada um desses autores me impulsionou para o estudo de vários outros e para a prática de uma série de técnicas novas sob novas perspectivas. Cada uma delas uma peça em um grande quebra-cabeças.

Também estudo outras áreas correlatas ao esoterismo ocidental tais como a prática em várias religiões, terapias complementares como reiki e florais, técnicas orientais de desenvolvimento pessoal como ioga e mantras, dentre outras nesse sentido.

Acredito na conciliação harmônica entre as mais variadas áreas de estudo do ocultismo e da religião. Afinal, existe uma Tradição Esotérica Ocidental da qual todas elas fazem parte.

Minha vivência pessoal do caminho esotérico encontra-se no ponto convergente entre a magia, o paganismo e o gnosticismo. Este ponto de convergência é essencialmente gnóstico em sua visão do cosmos e no propósito e fundamento do seu trabalho, mas tem como expressão e realização prática a magia ocidental em suas várias formas abraçando a perspectiva estética e a relação com a vida como propostos pelo paganismo. Uma abordagem que busca uma vivência contemporânea em harmonia com as heranças mais antigas da Tradição Esotérica Ocidental.

Penso que a aplicação de todas as ciências esotéricas deve se dar em perfeita integração com a vida normal urbana. O gnóstico, o bruxo, o mago, o ocultista, deve levar, antes de tudo, uma vida normal com trabalho, estudo, convivência em família, entre amigos e com tudo o que se espera de uma pessoa saudável que vive em nossa sociedade. É a partir deste ponto, da vida cotidiana, que construímos nossa vida espiritual. Também a alegria e a diversão são fatores de extrema importância não apenas para a vida "profana", mas também para o desenvolvimento espiritual. E isso não implica somente em reservar momentos para o lazer. Todo o estudo e prática da magia e da religião deve ser divertido e proporcionar alegria e prazer a seus praticantes. Esta a prova de que estão verdadeiramente conectadas ao espírito divino.

Você vai encontrar outros livros escritos por mim na loja da Amazon em www.amazon.com.br. Se quiser conversar sobre estes livros ou sobre qualquer outro assunto relacionado ao gnosticismo, à magia e ao esoterismo ocidental, ou ter acesso a textos e informações inscreva-se no grupo Pangrimorium no Facebook em www.facebook.com/groups/pangrimorium. Mas se você deseja entrar em contato diretamente comigo você pode enviar um e-mail para pangrimorium@outlook.com.

www.ingramcontent.com/pod-product-compliance
Lightning Source LLC
LaVergne TN
LVHW092356170726
843489LV00001B/232